平安貴族とは何か

三つの日記で読む実像

倉本一宏 Kuramoto Kazuhiro

NHK出版新書
707

はじめに

世間では平安《へいあん》時代などまったく人気がなく、歴史学界でも長く平安時代は悪い時代であるとの評価がもっぱらでした。しかも、まれに平安時代の愛好者がいても、ほとんどは『源氏物語《げんじものがたり》』や『大鏡《おおかがみ》』『今昔物語集《こんじゃくものがたりしゅう》』などの文学作品からイメージする平安貴族像を、実際の彼らの姿だと考える人がほとんどでした（小説や映画の陰陽師《おんみょうじ》の姿を史実だと考える人すらいました）。

平安貴族は遊宴と恋愛にうつつを抜かし、毎日ぶらぶらと暮らしている連中で、しかも物忌《ものいみ》や怨霊《おんりょう》を信じて加持祈禱《かじきとう》に頼っている非科学的な人間であると信じられてきたのです。草深い関東の大地から起ちあがった勇敢な正義の武士に歴史の主役を取って代わられるのも必然であると思われていたのです。

この歴史観を象徴しているのが、NHKの大河ドラマでした。平安時代を扱ったものは、平将門《まさかど》を主人公とした一九七六年の「風と雲と虹と」、その次が前九年《ぜんくねん》・後三年《ごさんねん》の役を扱った一九九三〜九四年の「炎立《ほむら》つ」、あとは平安末期の平清盛《きよもり》や源義経《よしつね》を扱った一九六六年の「源義経」、一九七二年の「新・平家物語」、二〇〇五年の「義経」、二〇一二年の「平清盛」があるだけでした。平安時代を扱っているとはいっても、いずれも主人公は武士で、そこに登場する貴族たちは、柔弱で狡猾な連中として描かれていました。

しかし、二〇二二年五月十一日のことだったと、（各出版社からメールや電話が殺到したので）鮮明に記憶していますが、翌々年のＮＨＫの大河ドラマ「光る君へ」が、紫式部《むらさきしきぶ》と藤原道長《みちなが》を主人公にするという発表があり、十三日にＮＨＫからもメールが来て、私もそれに関わることになってしまいました。面倒な仕事だなと思いながらも、これは平安貴族の実像を世間に知らせる最後のチャンスかもしれないと心を奮いたたせ、大河ドラマの仕事を引き受け、この本も出版していただくことにした次第です。

私の書く本ではいつものことですが、この本でも、『栄花物語《えいがものがたり》』や『大鏡』などの「歴史物語」、『今昔物語集』などの「説話集」といった文学作品を使わず、『御堂関白記《みどうかんぱくき》』『権《ごん》記《き》』『小右記《しょうゆうき》』など古記録《こきろく》という信頼できる一次史料だけを使って、千年も前の人たちのリアルな行動、また心の内や台詞まで、ありありと面白く再現することを目指しています。

ちょうど『源氏物語』を書いた紫式部や『枕草子《まくらのそうし》』を書いた清少納言《せいしょうなごん》と同じ時代には、藤原道長の記録した『御堂関白記』、藤原行成《ゆきなり》の記録した『権記』、そして藤原実資《さねすけ》の記録した『小右記』といった優れた古記録が残されています。これらは出来事が起こった日か次の日に、修飾や創作を交えることなく記録された一級の一次史料です。

現代に生きる我々は、例えば政治家やまして天皇が、かつてどのように行動したか、どのように話し、どのように考えたか知るよしもありません。しかし、古記録を読み解けば、それらがわかるのです。

しかも、同じ時期に記された、これら三つの優れた古記録が残されています。同じ出来事について、三人の記主《きしゅ》が、三者三様に行動し、三者三様に記録しています。これらを読み解くことによって、千年前の出来事を複合的に再構成することができるのです。こんな素晴らしい史料が大量に残されている日本という国に生まれたありがたさを感じずにはおられません。

ただ、古記録は「変体漢文《へんたいかんぶん》」と呼ばれる和風の漢文で記録され、その文法も記主によって、また日によっても異なるという、なかなか近付きがたい史料です。しかし、これらを読み解くことができれば、当時の政治や経済、社会や文化、宗教などの具体的な様子が、リアルに再現できるのです。私はこれまで、古記録の訓読文を作成してウェブサイトで公開し（日文研「摂関期古記録データベース」）、また現代語訳を手に入りやすいかたちで公刊してきました。

ところが私の力不足もあって、まだまだ古記録の魅力が世間に広まっているとは言えない状況です。この本では、『御堂関白記』『権記』『小右記』を解読することによって、この時代のリアルな姿をわかりやすくお伝えすることを目指しています。

この本を読んで古記録に興味を持たれた方は、私の他の著作にも目を通していただければ幸いです。楽しい古記録の世界に、是非とも踏み入ってきてください。

平安貴族とは何か——三つの日記で読む実像　目次

序章　古記録とは何か

「日記」はいつから書かれていたか

はじめに「古記録《こきろく》とは何か」についてお話しします。

日記というと『和泉式部日記《いずみしきぶにっき》』や『紫式部日記《むらさきしきぶにっき》』など、女性が仮名で書いたものをイメージするかもしれませんが、歴史学では貴族が和風の漢文（「変体《へんたい》漢文」）で書いたものを「日記」と呼びます。ただし、仮名の日記と一緒にされると困るときは「古記録」という言い方をしています。

そもそも「日記」とは何でしょうか。日本では普通、日付のあるものを日記と呼びます。より具体的に言うと「日次記《ひなみき》」と言いますが、日付のあるものを日記と称することが多いのです。

しかし、日付があったら日記かというと、そうではありません。「六国史《りっこくし》」などの歴史書には日付が入っています。あるいは『西宮記《さいきゅうき》』『北山抄《ほくざんしょう》』のような儀式書《ぎしきしょ》にも、しばしば日付が入っています。儀式書は日記を集め、そのいいところを取って作られるものです。

すると当然、日付が付いているものもあります。だから、儀式書も日記と呼ばれることがあります。

なお、平安《へいあん》時代には「日記」を「にき」と呼んでいた可能性が高いのですが、日記と呼ばれるものは、主に「外記《げき》日記」や「殿上《てんじょう》日記」といった職務日記でした。外記日記とは、太政官《だいじょうかん》の外記という官人がその日朝廷で何があったかを書いたもの、殿上日記とは六位蔵人《ろくいのくろうど》が朝廷で何があったかを記したものです。また似たものとして、近衛府《このえふ》の人々が何を行なったかを記した「近衛日記」や、検非違使《けびいし》（京内の警察権を担った令外官）が事件の起きたときに当事者の証言を集めた「勘問《かんもん》日記」があります。また、事件の発生と経過を報告した「事発《じはつ》日記」なども日記と言っています。

このように、ひと口に日記と言っても様々なのですが、『御堂関白記《みどうかんぱくき》』や『権記《ごんき》』『小右記《しょうゆうき》』のような、日付があって、ほぼ毎日書かれていたものを「日記」と呼ぶのが主流です。

では日本では、いつから日記が書かれていたのでしょうか。これは非常に難しい問題です。現存する日記で一番古いものは、『日本書紀《にほんしょき》』に引用されている『伊吉連博徳書《いきのむらじはかとこのふみ》』です。これは七世紀の遣唐使《けんとうし》であった伊吉博徳が記したものです。博徳は唐《とう》に渡った時期がちょうど唐が百済《ひゃくさい》を攻める直前だったことから、戦争が終わるまで唐に幽閉されていました。そして戦争が終わった後に倭《わ》国へ帰国する際、連行されてきた百済の義慈《ぎじ》王や王子、貴族たちとすれ違い、戦争に負けるとひどい目に遭うということを目の当たりにします。帰国後、その事実を中大兄皇子《なかのおおえ》などに報告をしたものがこの日記で、『日本書紀』の原史料になっています。

ただし、この日記は毎日書かれていたものではないと推測されます。おそらく『日本書紀』が編纂《へんさん》される段階で、メモぐらいはあったかもしれませんので、それを基にして書き直したものでしょう。

次に出てくるのは、鎌倉《かまくら》時代に著された『釈日本紀《しゃくにほんぎ》』という『日本書紀』の注釈書の「私記」に引かれている『安斗宿禰智徳《あとのすくねちとこ》日記』と『調連淡海《つきのむらじおうみ》日記』です。これは壬申《じんしん》の乱に従軍した舎人《とねり》（朝廷の下で護衛や雑役を勤めた下級官人）の日記です。非常に簡略なものですが、『日本書紀』の壬申《じんしん》の乱を描いた巻二十八の原史料の一部になったものです。

また、その場で書いたものとして我々が目にすることのできる最古のものとしては、『正倉院《しょうそういん》文書』のなかに三種類、具注暦《ぐちゅうれき》（日付があって暦が付いており、干支《かんし》や日の吉凶などを記したもの）の断簡《だんかん》が伝えられています。このうち最も古い天平《てんぴょう》十八年（七四六）の具注暦に、簡単な文章が書かれています。これを書いたのは、おそらく暦を造った人物ではありません。暦にその日の出来事を付した最古の遺例は、天平十八年の具注暦断簡ということになるでしょう。

世界でも稀な日記大国・日本

平安時代になると、とくに十世紀以降、いろいろな人が日記を書くようになります。上は天皇から、皇族、貴族まで。中世になると武士、僧、神官、学者、文人まで。近世になると庶民も日記を付けるようになります。これほど多くの階層の人々が日記を付け、かつそれが現存している国は世界的に見ても日本だけです。とりわけ君主が日記を付けるというのは他国ではあり得ない話で、日本文化の一つの特色だろうと思います。ヨーロッパはもちろん、中国や朝鮮諸国にも古い時代の日記は残っていません。なぜ日本だけこれほど日記が書かれ、残ったかというのは、文化史の分野で非常に大事なことなのです。

それは「正史《せいし》」がなくなったからというのが大きいのです。日本において何が正史に当たるかというと、「六国史」です。『日本書紀』は日本の国土ができたところから始まって、持統《じとう》天皇の治世で終わり、次の『続日本紀《しょくにほんぎ》』は文武《もんむ》天皇から始まって桓武《かんむ》天皇までです。こういうものが六つできて「六国史」と呼ばれるわけですが、これらの正史は延喜《えんぎ》元年(九〇一)に編纂された『日本三代実録《にほんさんだいじつろく》』で終わってしまいます。対象となったのは光孝《こう》天皇の時代(～八八七年)までです。神代の世界から始まって九世紀の末で、我々の国は正史を作らなくなりました。

しかし、朝廷が公式な歴史書を作らなくなったからといって、正史が不要になったわけではありませんでした。九～十世紀からは儀式の作法が非常にやかましくなり、先例を調べる必要があったため、九世紀には勅撰《ちょくせん》の儀式書がいくつか作られています。先述の通り儀式書は日記を基にして作ることが多いので、正史や儀式書を国家が編纂しなくなると、代わりに日記が重んじられるようになったのです。各家が先例の典拠とするために、正史の代わりとして日記が書かれたわけで、逆に言うと「六国史」がある時代は個人の日記はほとんど残っていません。

また、なぜ日記が残ったかというのは、さらに面白い問題です。日本に個人の家の日記、あるいは個人の日記が残っているのは「家が続いているから」です。藤原氏の諸家を筆頭に公家《くげ》の源氏《げんじ》も残っています。すべて途絶えてしまった氏はほとんどいません。摂関《せっかん》期の古記録を見ていると、八世紀ごろの豪族の末裔《まつえい》が数多く出てきます。大伴《おおとも》氏はもちろん、犬養《いぬかい》氏や丈部《はせつかべ》氏、上毛野《かみつけの》氏などです。大化前代《たいかぜんだい》にすでにいなくなってしまったと思われるような氏族も、じつは摂関期までずっと残っています。もちろん血縁が続いているかどうかは別問題ですが、とりあえず氏族としては残っています。

ということは、ある人が書いた日記は、その家が残っている限り、子孫にまで連綿と受け継がれていきました。本来であればもっと大量の古記録が残されていたはずですが、応《おう》仁《にん》・文明《ぶんめい》の乱や幕末の戦乱をはじめとする数々の戦乱や幾度かの大火事でその多くが焼けてしまいました。それでも朝廷がずっと続いてきたことから、数多くの日記が現存しています。易姓《えきせい》革命が起きて王朝が代わっていればすべて破棄されていた可能性がありますが、天皇家が続いてきたことによって、貴族の家の日記もまた残されたのです。都がずっと同じ場所だったことも、古記録が残された大きな理由でしょう。

武家政権が成立すると公家は現実的な権力を失いますが、彼らは文化を担うのが自らの権力だと思うようになります。武力は武家に任せ、文化を担い、日記を後世に伝えることが権力になると考えたため、中世や近世になると日記に書かれているような儀式を遂行することはほとんど不可能になったのですが、記録としては残っています。これは大きな出来事です。とりわけ公家は、文学作品よりも先祖の日記を残すほうが大事だという観念を一貫して持っています。

例えば藤原氏の嫡流《ちゃくりゅう》である近衛《このえ》家は『源氏物語《げんじものがたり》』の古い写本を持っていたと言われています。『源氏物語』の写本は現在残っている最も古いものだと鎌倉《かまくら》時代に藤原定家《さだいえ》が写したもので、ほぼすべて揃っている状態の大島《おおしま》本（古代学協会《こだいがくきょうかい》蔵）だと室町《むろまち》時代のものです。そのくらい貴重な『源氏物語』の写本を、応仁・文明の乱で火事になったときには見捨てていて、一方で『御堂関白記』の自筆本は疎開させていたといいます。この逸話が示すように、藤原氏にとっては『御堂関白記』の自筆本こそが最も大事なのです。宝物というよりご神体に近いと言えばよいでしょうか。こうした事実が日記というものの本質を表しています。

日記は何を書くものか

さて、では彼らはどうやって日記を書いていたのでしょうか。貴族が日記を書く目的や動機、日記の有り様は様々で、鎌倉時代に書かれた『雑筆要集《ざつぴつようしゅう》』の「日記をどう書くか」という項目には、「日記には必ずしも式法《しきほう》はない。日のところに要事《ようじ》（必要なこと）を注記するものである」というとだけしか書いていません。暦（具注歴）に書けというだけで、これを日記の基準としているのです。

それでは、どのように日記は書かれていたのでしょうか。よく引かれるものに、藤原師《もろ》輔《すけ》の『九条右丞相遺誡《くじょううじょうしょうゆいかい》』というものが残っています。師輔は藤原道長《みちなが》の祖父にあたる人で、この人が貴族の心得を数多く残しているのですが、そのなかに「日中行事」といって、朝起きてから何をするかを書いたものがあります。

一、属星《ぞくしょう》の名を称する
二、鏡で顔を見る

三、暦を見て、日の吉凶を知る
四、楊枝《ようじ》を取る
五、仏名《ぶつみょう》を誦《しょう》し、神社を念ず
六、昨日のことを記す〈事が多いときはその日のうちに記す〉

一の「属星」とは、生年によってその人の生涯を支配する本命星《ほんみょうしょう》（北斗七星の各星および金輪星《こんりんせい》、妙見星《みょうけんせい》のいずれかの星）と、年度によって変わる当年星《とうねんしょう》（九星のいずれかの星）のことで、例えば戌《いぬ》年生まれならば「禄存星《ろくそんせい》」だったりしますが、その方位を毎朝起きたら念じよというわけです。続く二は起床したら鏡に自分の姿を写し、形態の変化をうかがえ、ということです。体調の悪い日、とくに二日酔いのときの顔を鏡で見たときなど、生きているのがいやになるぐらいひどい状態です。これで体調を知れというわけですね。じつに論理的で科学的です。

三は暦を見て、日の吉凶を知る。暦というのは具注暦ですが、暦を見て、今日はどんな行事があるのか、また何をするのにいい日だと判断せよということです。『御堂関白記』自筆本に現物が残っています。「今日は引っ越しにいい」「嫁取りにいい」「出歩くのにいい」「病気の治療にいい」といったようなことが書かれています。逆に悪いものもあります。

四の楊枝とは爪楊枝のことではなく、柳の先を歯ブラシのように房状にしたもので、それで歯をきれいにし、手を洗いなさいということ。五は仏名を誦し、神社を念じる。これも生まれ年によって仏が決まっていて、戌年生まれだと阿弥陀仏《あみだ》です。また自分の信仰する神社も決まっているわけです。

六の「昨日のことを記す」は意外に思う方が多いかもしれません。「事が多いときはその日のうちに記す」とありますが、日記は本来、翌日の朝起きて書くものだったのです。ちなみに、後文には、「年中行事はだいたい暦に書き記し、毎日それを見ては、かねて準備せよ」とあります。例えばその日にどんな行事や儀式があるかを把握して、あらかじめ準備してから出勤せよ、といったようなことでしょうか。行事や儀式は毎年同じ日に行なわれることが多いので、先祖の日記を見てそれを紙に書いておきます。この紙を笏《しゃく》（出仕の際に手に持つ細長い棒状の物）の裏に貼ると、カンニングペーパーになるわけです。

話を戻すと、朝に日記に書くのは「昨日の公事《くじ》（政務や儀式のこと）であるが、もしくは私的な内容で、やむを得ないことは忽忘《こつぼう》（すぐ忘れること）に備えるために暦に書き記せ」とあります。書くべき内容は政務や儀式のことなのです。どこで何を食べたとか、私的なことは書いてはいけません。江戸時代の庶民の日記はだいたいそういうことばかり書いてあって、現代の我々と変わりませんが、平安貴族はそういう日記の使い方はしません。書かれるのは「枢要《すうよう》の公事と君父《くんぷ》所在」のことです。「君父」（天皇と父親）の所在のことなどは別に記して、後に備えるのです。「別に記す」とは、暦ではなく別の紙に別の日記を付けろということです。「別記《べっき》」と呼んでいますが、それを付けろと言っています。これが当時の日記なのです。

日記は詳しく書いてはならない

日本にはどれぐらいの日記が現存しているのでしょうか。断っておくと、現存といってもほとんどの場合が写本や逸文《いつぶん》（日記そのものが残っているわけではなく、他の史料に引用されたもの）です。

私は十一世紀前半までをフィールドとしているのですが、古い順番に並べてみると、まずは本康《もとやす》親王が書いた『八条式部卿私記《はちじょうしきぶきょうしき》』があり、その後に三代御記《さんだいぎょき》と呼ばれる『宇多《うだ》天皇御記《てんのうぎょき》』『醍醐天皇御記《だいごてんのうぎょき》』『村上天皇御記《むらかみてんのうぎょき》』があります。その次には『貞信公記《ていしんこうき》』『九暦《きゅうれき》』、そのまた次には『小右記』『権記』『御堂関白記』が古いところでしょう。その次の世代には様々なものがありますが、十一世紀の最後に藤原為隆《ためたか》の『永昌記《えいしょうき》』があります。十一世紀までですら、これだけのものが残っているわけです。これ以降になると莫大な、何倍の量にもなります。すごいものですね。

摂関期古記録一覧

古記録名	記主	記録年代	主な活字版・写真版
八条式部卿私記	本康親王	八八二～八八四	九暦・西宮記
宇多天皇御記	宇多天皇	八八七～八九七	三代御記逸文集成・史料大成
醍醐天皇御記	醍醐天皇	八九七～九三〇	三代御記逸文集成・史料大成
貞信公記	藤原忠平	九〇七～九四八	大日本古記録
清慎公記	藤原実頼	九〇九～九七〇	西宮記・北山抄
吏部王記	重明親王	九二〇～九五三	史料纂集
御産部類記		九二三	図書寮叢刊
御産部類記		九二六	図書寮叢刊
太后御記	藤原穏子	九二六～九三五	河海抄・西宮記・図書寮叢刊
九暦	藤原師輔	九一五～九六〇	大日本古記録
小一条左大臣記	藤原師尹	九四二～九六九	西宮記
村上天皇御記	村上天皇	九四七～九六七	三代御記逸文集成・史料大成
沙門仲増記	仲増	九四八	歴代残闕日記
元方卿記	藤原元方	年月日不明	西宮記
御産部類記		九五〇	図書寮叢刊
御産部類記		九五九	図書寮叢刊

延光記	源延光	九六〇〜九七四	西宮記・東宮御元服部類・東宮冠礼部類
忠義公記	藤原兼通	九六三	東宮御元服部類・東宮冠礼部類
御産部類記		九六八〜九六九	図書寮叢刊
済時記	藤原済時	九七二	書陵部紀要
親信卿記	平親信	九七二〜九七四	大日本古記録・歴代残闕日記・陽明叢書
御産部類記		九七六	図書寮叢刊
小右記	藤原実資	九七七〜一〇四〇	大日本古記録・史料大成
御産部類記		九八〇	図書寮叢刊
藤原宣孝記	藤原宣孝	九八二〜一〇〇〇	西宮記
法住寺相国記	藤原為光	九九一	大饗部類
権記	藤原行成	九九一〜一〇二六	史料纂集・史料大成
信経記	藤原信経	九九五〜一〇〇〇	枕草子傍注・中右記・局中宝
宗河記	惟宗允亮	九九六〜一〇〇一	西宮記
御堂関白記	藤原道長	九九五〜一〇二一	大日本古記録・陽明叢書・日本古典全集
御産部類記		一〇〇八	図書寮叢刊
御産部類記		一〇〇九〜一〇一〇	図書寮叢刊
左経記	源経頼	一〇〇九〜一〇三九	史料大成
一条天皇御記	一条天皇	一〇一〇	史料大成
春記	藤原資房	一〇二六〜一〇五四	史料大成・コロタイプ複製版

宇治殿御記	藤原頼通	一〇二六～一〇六九	院号定部類記・改元部類・園太暦
土右記	源師房	一〇三〇～一〇七六	続史料大成・書陵部紀要
二東記	藤原教通	一〇三一～一〇七四	歴代残闕日記
宗金記		一〇三一～一〇四七	西宮記
御産部類記		一〇三四	図書寮叢刊
経任記	藤原経任	年月日不明	西宮記
後朱雀天皇御記	後朱雀天皇	一〇三六～一〇四四	史料大成
範国記	平範国	一〇三六～一〇四八	大日本古記録・京都大学史料叢書
行親記	平行親	一〇三七	大日本古記録・歴代残闕日記・陽明叢書
資平卿記	藤原資平	一〇四二	史料大成
宇治関白高野山御参詣記	平範国	一〇四八	大日本古記録
大宮右相府記	藤原俊家	一〇四八～一〇八〇	西宮記
定家朝臣記	平定家	一〇五三～一〇六二	大日本古記録・歴代残闕日記・陽明叢書
御産部類記		一〇五三	図書寮叢刊
但記	藤原隆方	一〇五七～一〇七四	歴代残闕日記
水左記	源俊房	一〇六二～一一〇八	史料大成・コロタイプ複製版
帥記	源経信	一〇六五～一〇八八	史料大成
京極関白記	藤原師実	一〇六八	歴代残闕日記
後三条天皇御記	後三条天皇	一〇六八～一〇七二	史料大成

江記	大江匡房	一〇六八～一一〇八	江記逸文集成
為房卿記	藤原為房	一〇七〇～一一〇四	史聚・コロタイプ複製版・陽明叢書
時範記	平時範	一〇七五～一一〇八	書陵部紀要・時範記逸文集成・歴代残闕日記
御産部類記		一〇七九	図書寮叢刊
後二条師通記	藤原師通	一〇八三～一〇九九	大日本古記録
中右記	藤原宗忠	一〇八六～一一三八	大日本古記録・史料大成・陽明叢書
長秋記	源師時	一〇八七～一一三六	史料大成
高野御幸記		一〇八八	扶桑略記
寛治二年記		一〇八八	群書類従・歴代残闕日記
季仲卿記	藤原季仲	一〇九〇～一〇九一	歴代残闕日記
殿暦	藤原忠実	一〇九八～一一一八	大日本古記録
永昌記	藤原為隆	一〇九九～一一二九	史料大成・陽明叢書
清原重憲記	清原重憲	一一〇一～一一四七	歴代残闕日記
顕隆卿記	藤原顕隆	一一〇三	歴代残闕日記
高階仲章記	高階仲章	一一〇三	歴代残闕日記
御産部類記		一一〇三	図書寮叢刊
源雅実公記	源雅実	一一〇五～一一〇七	歴代残闕日記

太字は日文研「摂関期古記録データベース」で訓読文を公開済
『貞信公記』『九暦』『村上天皇御記』は近く公開予定

ちなみに本康親王、宇多天皇、醍醐天皇と、日記が皇族と天皇から始まっているというのも日本ならではの特色です。ただし、宇多天皇も醍醐天皇ももともとはいったん源氏になった人です。宇多天皇は源定省《さだみ》、醍醐天皇は源維城《これざね》として、もともと臣籍《しんせき》に下っていました。したがってこういうことが起こったのだと思います。

さて、だいたいの人は具注暦と呼ばれる暦の余白に日記を記したと考えられてきました。具注暦とは、その日はどんな儀式があるか、その日はどんな吉凶があるかを記したものです。奈良《なら》時代から平安時代の九世紀ぐらいまでは、朝廷からしかるべき人に具注暦が頒布《はんぷ》されていました。頒暦《はんれき》という制度で、朝廷からもらっていたのです。そこに書き付けることができたのですが、十世紀になると頒暦は行なわれなくなったという説が有力です。

つまり、日記を書いた人たちは自分で具注暦を注文し、その余白に書いていたことになります。ただし中世になるまで、日付と日付の間に余白のある暦はあまりありません。日付と日付の間を「間明《まあ》き」と呼び、『御堂関白記』の自筆本には二行の間明きがありますが、紙が貴重だったせいか多くの人々の暦には間明きがありません。ではどうやって日記を書いたかというと、おそらく日付ごとに切り取って、その間に紙を貼り継ぎ、また日付の行を貼って、というように使っていたか、あるいは真っ白の紙があって、そこに日付の行を一行ずつ貼って、余ったところに書いて、人から手紙や文書《もんじょ》が来たら貼り付けて……と、具注暦と紙を毎日貼っていくという方法で書いていたのではないかと思われます。

ということで、我々の国には大量の日記が残っています。なお、摂関家《せっかんけ》と実務官人の家とでは別の種類の日記があったのではないかと思います。摂政関白《せっしょうかんぱく》になるような家（藤原忠平《ただひら》――師輔から道長の子孫）の人は、かなりアバウトな日記を付けます。あまり詳しくないし、字もわりと破格ですし、文法もめちゃくちゃです。一方、蔵人や弁官《べんかん》、また摂関の家司《けいし》（摂関家に仕えている人）は実務的な日記を付けます。字も文法もしっかりしています。

道長の四世の孫である藤原忠実《ただざね》は「言談聞書《げんだんききがき》」として『中外抄《ちゅうがいしょう》』や『富家語《ふけご》』というものを残していて、そのなかでどうやって日記を書くかという心得を説いている箇所があります。子孫に伝える言葉ですから、当然、摂政関白になる人への心得で、これが興味深いものです。例えば次のようなことです。

関白摂政は詩を作っても無益である。朝廷の公事が大切である。公事の学び方は紙三十枚を貼り継いで（巻物にして）、学者を傍《かたわ》らに据えて、『ただいま馳《は》せ参る』などと書きなされよ。また、『今日は天気が晴れた』『召しによって参内した』などと書きなされよ。知らない字があったら傍らの学者に問われよ。このような文を二巻も書けば立派な学者である。四、五巻に及んだなら文句のつけようもないことである。

この箇所は『御堂関白記』を擁護している気がしますが、摂政関白はこれでいいのだ、他に大事な仕事があるのだと伝えています。

また、こんなことも書かれています。

日記はあまり詳しく書くのは無益である。大殿《おおとの》（忠実の祖父の藤原師実《もろざね》。藤原頼通《よりみち》の子）の仰せでは、「日記が多いと個人的な感情が交じって礼を失する。『西宮記』と『北山抄』ほど作法に優れたものはない。その他には家の先祖の日記を入れるべきである。この三つの日記さえあれば、およそ事に欠けることはない。他の家の日記はまったく無益である。そのわけは、摂政関白が、『主上《しゅじょう》の御前で腹鼓《はらつづみ》を打つ』と書いてあっても先例としては用いるわけにはいかないからである」と。

天皇の前で腹鼓を打つ人がいるとは思えませんが、こんなことを言うわけです。そして、ここからが大事です。

日記は詳しく書くべきではない。他人の失敗もまた書くべきではない。

これはおそらく、公卿《くぎょう》社会に広まっていった『小右記』を念頭に置いています。

ただ宮廷行事の次第をきちんと記録すべきである。

『小右記』が最たるものですが、日記は個人のためのものではないのです。彼らは儀式のために日記を書き、宮廷社会に広めました。とくに藤原実資《さねすけ》という人は『小右記』を基にした部類記《ぶるいき》(後述)、さらには儀式書を後世に残し、自分の思い通りの儀式で皆を動かそうとしました。したがって、『小右記』は宮廷社会の共通の文化と見るべきなのです。その点では、他の日記とはちょっと性格が違うのかもしれません。

実資の野望

貴族にとっては、自分の日記をそのまま後世に伝えるのも目的なのですが、記録するうえで何を重視したかというと、参照性です。とすると、何月何日にこういう儀式があって、先例を見なさいというとき、巻物をスッと抜いて、その日まで巻かなければならないわけです。もしそこに書いていなければ、また巻き戻さねばなりません。それを何度も何度もやっていたら大変だというのは、少し想像すればわかるのではないでしょうか。

そこで重宝されたのが部類記です。部類記とは、ある儀式の記事だけを抜き書きしたものです。元日の儀式には「元日節会次第《がんじつせちえしだい》」のような巻物があって、何年の元日、何年の元日と、元日の記事ばかり並べます。それだけサーッと見ると、「元日の儀式はこうやってやるのか」ということがわかって、非常に便利だということですね。

部類記の究極の目的は儀式書を作ることにありました。儀式書とは、部類記に書かれた複数年の儀式のなかから選りすぐって、儀式ごとにこうやるべきだという手順がすべて書いてあるものです。それがあれば、明日はどの儀式だなとなったら、その儀式について記録してあるところまで巻いて、それを自分のメモ（懐紙《かいし》や笏紙《しゃくし》、短紙《たんし》など）に書き抜けばよい。おそらく実資は『小右記』を書いて、それを基に部類記を作り、最終的にはかなり詳しい儀式書を書こうとしていたのではないでしょうか。

それがスタンダードになると、すべての貴族がそれに沿って動くわけです。自分の生きている時代にはできないけれども、百年後、二百年後にすべての貴族、さらには天皇までもが自分の日記を基にして動くようになる。実資はそれが人生の目的だったのだろうと思いますが、残念ながら部類記を作り始めたのが七十四歳の頃で、彼は九十歳で死んでしまったので、途中で挫折しました。子孫がそのままできたところだけ伝えればよかったものを、また切り取って、再び日付順につなぎ合わせたのが今の『小右記』の写本の基になっています。

実資の野望はついに果たされませんでした。六十歳ぐらいで作り始めていれば完成したかもしれませんが、そうなると『小右記』は残っていないかもしれません。ありがたいと言えばありがたいということになります。

第一部　道長は常に未来を見ていた

――藤原道長『御堂関白記』を読む

第一章 「自筆本」の価値

疫病の流行が道長を権力者の座に押し上げた

序章では古記録《こきろく》全般についてお話ししましたが、ここからは平安《へいあん》中期、摂関《せっかん》政治の最盛期に記録された三つの日記『御堂関白記《みどうかんぱくき》』『権記《ごんき》』『小右記《しょうゆうき》』を読みながら、平安貴族の実像に迫ってみたいと思います。

この章では、現存する自筆本日記としては世界最古である藤原道長《みちなが》の『御堂関白記』がなぜ残ったかをお話しします。本題に入る前に、記主《きしゅ》である道長という人物について簡単にご説明しておきましょう。

藤原道長は藤原兼家《かねいえ》の子として生まれました。お兄さんが道隆《みちたか》・道兼《みちかね》で、他にも母親が違う兄が二人います。嫡妻《ちゃくさい》が産んだ子としては三男にあたりますが、男兄弟の順番でいうと五男、末っ子になります。本当ならば権力を握るような立場ではなかったのですが、長徳《ちょうとく》元年（九九五）に疫病《えきびょう》が大流行したことで、道長の人生は思わぬ方向へと転がり始めます。

このときの疫病の流行は、天平《てんぴょう》九年（七三七）に天然痘《てんねんとう》が流行して藤原四兄弟が亡くなったときに匹敵するほどの大変な事態だったようです。関白《かんぱく》だった長兄の道隆が亡くなり（持病の糖尿病《とうにょうびょう》で亡くなったという説があります）、その後に関白に就任した次兄の道兼もすぐに亡くなります。それだけでなく、道長の上位にあった人物たちは、藤原伊周《これちか》以外ほぼ全員亡くなってしまいました。伊周とは道隆の摘男で、道長にとっては甥《おい》にあたる人です。生き残った者の序列でいうと、伊周、道長、藤原顕光《あきみつ》、藤原公季《きんすえ》となるため、最初は伊周が次の権力者の座に就くと思われたのですが、道長が最高権力者の座に就いたのです。なお、翌長徳二年（九九六）に起こった「長徳の変」が原因で伊周は失脚しました。

とはいえ、このときの道長はまだ大納言《だいなごん》の下の権大納言《ごんだいなごん》に過ぎなかったため、関白にはなれません。それで内覧《ないらん》という地位に就きました。内覧とは、太政官《だいじょうかん》から天皇に上がってきたり天皇から下したりする文書《もんじょ》をあらかじめ内覧する役職です。関白の場合は、すべての役所から上がってきた文書を内覧する権限を持つため、役割的には若干異なるのですが、ほとんどの文書は太政官から上がってきます。つまり、やっていることはほぼ関白と同じです。

道長が政権を握ることができたのは、一条《いちじょう》天皇の母である藤原詮子《せんし》の後押しがあったからだとも言われています。詮子というのは、道隆と道兼にとっては妹、道長にとっては姉にあたる女性です。道隆と道兼は詮子よりもかなり年上で、彼らは早くに結婚して家を出たため、詮子と同居した年数は非常に短かったはずです。一方、道長は詮子よりも年下で、なおかつ晩婚だったので、かなり長い間一緒にいました。そのため詮子は道長に対して、他の兄弟よりも人一倍親しみを感じていたようです。また、詮子は自分の同母兄弟である道隆・道兼・道長、できれば全員に政権の座に就いて欲しかったのだと思われます。

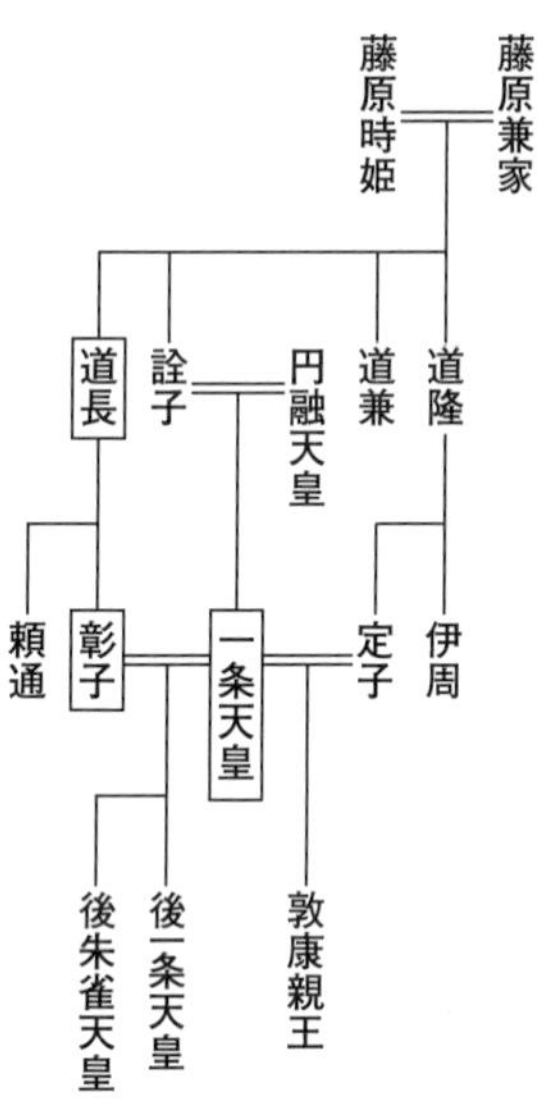

一条天皇は詮子と円融《えんゆう》天皇の間に生まれた子です。天皇といっても自分の子ですから、「道兼の次は道長を」と意見することもできたのでしょう。このとき、道長は三十歳。三十歳の若さで政権トップの座に就くというのは異例のことでした。

なお、道長は生涯一度も関白になったことがないので、『御堂関白記』という呼び名は厳密に言うとふさわしくありません。後に道長は摂政《せっしょう》に就任しているので、あえて言うならば『御堂摂政記《みどうせっしょうき》』とか『法成寺摂政記《ほうじょうじせっしょうき》』と呼ぶべきです。しかし、江戸時代半ばから彼の日記は『御堂関白記』と呼ばれるようになり、いつの間にかそれが定着してしまいました。

権力掌握のために関白になることを断る

道長は内覧になった直後に、右大臣《うだいじん》に任じられて一上《いちのかみ》を兼務することになります。一上とは太政官の首班（トップの大臣）のことで、「陣定《じんのさだめ》」と呼ばれる公卿《くぎょう》の会議を主宰します。通常、関白になると一上を外れるため、公卿の会議には出席できません。しかし、道長はたまたま関白になれず内覧になったおかげで、一上も兼任することができたのです。内覧と一上を兼任すると、文書を読んで天皇にアドバイスする仕事と、公卿の会議をリードする仕事の両方が可能となります。これは大きな権力を掌握したことを意味します。

道長はこの立場を非常に好都合だと感じていたようで、彼は翌年に左大臣《さだいじん》に任じられますが、内覧を辞めようとはしませんでした。一条天皇の次に即位した三条《さんじょう》天皇からは、関白になれと言われたのに、それすらも拒絶しています。二つの職務を兼任すると非常に忙しいはずですが、道長はそれ以上に権力の掌握にこだわったのです。

道長の長女である彰子《しょうし》が産んだ敦成《あつひら》親王が、後一条《ごいちじょう》天皇として即位したときに、道長はようやく摂政に就任します。摂政というのは、幼い天皇の代わりに政務を執り行なうので関白よりはるかに権限が強い立場です。しかし、道長は摂政をわずか一年で辞め、嫡《ちゃく》男《なん》の藤原頼通《よりみち》にその座を譲っています。これは、今後は自分の家系が代々摂関家《せっかんけ》を継承するのだという意思表明と思われます。

結果的に政権のトップに上り詰め、代々摂関家となる礎を築くことができた道長ですが、そこに至るまでの道のりは決して平坦ではありませんでした。彼なりに悩みもあったようです。その一つが晩婚で女《むすめ》を作るのが遅くなったことから生じた悩みです。藤原氏は不比等《ふひと》から冬嗣《ふゆつぐ》、良房《よしふさ》以来、女を天皇の后とすることで朝廷の要職を独占してきましたが、道長には彰子という女がいたものの、天皇の皇子を産ませるには年齢が若すぎました。

一方、長兄の道隆が残した定子《ていし》は一条天皇の寵愛を受け、子供をもうけます。最初は脩子《しゅうし》内親王で、二番目が敦康《あつやす》親王です。定子は三人目の媄子《びし》内親王を産んだ際に亡くなってしまうのですが、一条天皇はその後も定子のことが忘れられずにいました。そして定子が産んだ敦康親王を後継者にしたいと願っていました。

道長の長女の彰子は十二歳で一条天皇に入内《じゅだい》しますが、幼すぎたため、なかなか懐妊《かいにん》しません。焦った道長は、定子が生んだ敦康親王を彰子の子供として育てさせ、彰子が子供を産まなかったときは敦康を一条天皇の後継者にしようと考えました。彰子は優しい人で、敦康を我が子のように育てていたようです。

しかし、やがて彰子は懐妊し、一条天皇との間に敦成親王を授かります。すると道長は敦康を見捨てて、今度は自分の外孫《がいそん》の敦成親王を一条天皇の後継者にしようと画策し始めます。一条天皇は、本当は敦康のほうが良かったはずなのに、結局は道長に押されて敦成を後継に指名した後に亡くなります。いずれにしても、道長は運がよくて権力を手にしたのではなく、その裏に彼なりの思惑や策略があったと見ていいでしょう。

道長は、摂政の座を子の頼通に譲った翌年に出家しますが、出家後もずっと権力を手放すことはありませんでした。晩年、道長は土御門第《つちみかどてい》（現在の京都御苑のなかの仙洞御所《せんとうごしょ》の地）という自分の邸第《ていだい》の東側に、二町四方という莫大な広さを誇る法成寺《ほうじょうじ》という寺院を造ります。平安京においては、七堂伽藍を備えた大規模寺院というのは、東寺《とうじ》・西寺《さいじ》以来のことです。

道長は浄土《じょうど》信仰に傾倒していて、極楽《ごくらく》に往生《おうじょう》したいと願っていました。極楽は九種類あるといわれているので、道長は法成寺に阿弥陀《あみだ》仏を九つ造ります。平等院《びょうどういん》にあるあの阿弥陀仏のようなものが、九つも並んでいるわけで、じつに壮観だったことでしょう。やがて死期を悟った道長は阿弥陀堂に入り、それぞれの阿弥陀仏から五色の糸を垂らして、合計四十五本の糸を握りながら浄土へと旅立ちます。御堂で亡くなったので、その後、道長は御堂関白と呼ばれるようになり、彼の日記も『御堂関白記』となりました。ちなみに遺骨は宇治《うじ》の木幡《こはた》に造営した浄妙寺《じょうみょうじ》（現在の木幡小学校の地）の東側に葬られました。

五つの家に分割され保存された自筆本

では、道長が書いた『御堂関白記』とはどんな形式で書かれた日記なのでしょうか。

この日記は「具注暦《ぐちゅうれき》」の余白（間明《まあ》き）に書き込む形で書かれています。具注暦というのはその日の吉凶を記した暦のことで、『御堂関白記』の場合は一年を上下二巻に分けて作っています。正月から六月が上巻、七月から十二月が下巻となっているものが多いのですが、年によっては閏月《うるう》があり、その場合は七ケ月で一巻となります。

自筆本は京都の陽明《ようめい》文庫というところに十四巻残っていますが、これで全巻ではありません。平安時代の終わり頃に摂関家が所有していた文書類の目録が作られましたが、それには『御堂関白記』の自筆本は全部で三十六巻あると記されています。三十六巻あったものが、十四巻しか残っていないのはどうしてなのでしょう。

現在残っている『御堂関白記』十四巻を調べてみると、面白いことがわかります。最初に気づいたのは、陽明文庫の文庫長の名和修氏だと思いますが、一年を上下二巻に分けて、上下とも残っている年はなぜか一つもないのです。それぞれの年で上巻か下巻か、どちらかしか残っていません。ということは、ある時点で上巻と下巻を二つの家で分けたと考えていいはずです。

では、いつの時点で日記は二つに分割されたのでしょうか。藤原氏の系図を見ると、道長の子孫は鎌倉《かまくら》時代の初めに基実《もとざね》（近衛《この え》家）と兼実《かねざね》（九条《く じょう》家）に分かれたことがわかります。当時はもう一つ、基房《もとふさ》の松殿《まつどの》家があったのですが、すぐ衰退してしまったので、近衛と九条が嫡流《ちやくりゆう》を分かつことになったと考えていいでしょう。おそらくその段階で、三十六巻を十八巻ずつ、一年の前半・後半で分けたのだろうと思います。ただし嫡流はあくまで近衛のほうです。九条兼実という人はお母さんが女房《にようぼう》（宮中に仕えた女性）で、それほど身分は高くありませんでした。嫡流ではないものの、源頼朝《よりとも》と仲が良く鎌倉幕府と関係が深かったから関白になれたのです。ですから、このときはおそらく近衛家が主導して、日記を分割したと思われます。

私はかつて、近衛家が上巻、下巻をどんな基準で選んだのかを推定したことがあります。現存する日記が書かれた年と、それぞれの年の前半・後半で、どんな出来事があったのかを調べてみたところ、近衛家が所有していた日記は、ほぼどの年も重要な出来事があったときのものであることがわかりました。例えば、女が后になったとか、后に皇子が生まれたとか、そういう摂関家にとっての転機となる出来事が記された巻を、近衛家は取ったのです。

ということは、おそらく三十六巻を近衛家は「この年は前半、この年は後半」といった具合に、良いほうを選び、余った巻を九条家にあげたのだろうと推定できます。同じ道長の家系であっても嫡流と庶流《しょりゅう》があるので、当然そうなるわけです。

では、近衛家が十八巻、九条家が十八巻を取ったはずなのに、どうして近衛家には十四巻しか残っていないのでしょうか。これには近衛家から後に分かれた鷹司《たかつかさ》家が関係しています。鷹司が分かれた段階で、鷹司は庶流ですから、十八巻のうち四巻ぐらいを譲ったため、近衛家には十四巻が残ったと考えられます。

一方、九条家も後に二条《にじょう》家と一条《いちじょう》家に分かれます。この二家は近衛と鷹司ほどは差がありません。一条と九条とどっちが嫡流かで争ったりしています。そのため十八巻を三等分とは言いませんが、それほど差をつけることなく三つの家で分けたのだろうと思います。

そのようなわけで、しばらくは『御堂関白記』の自筆本三十六巻は五つの家に分割されて保存されていたのでしょうが、戦乱の世を経るなかで、近衛家以外の四家は日記を焼失してしまい、近衛家所蔵の十四巻だけが残ったのです。

近衛家の使命

近衛家所蔵の『御堂関白記』が、もともとどこに保存されていたのかについては様々な説があり、例えば中世史研究者の松薗斉《まつぞのひとし》氏は、平等院の経蔵《きょうぞう》の奥深くに置かれていたのではないかという説を唱えています。摂関政治の時代は摂政関白になると、道長の自筆本日記を見に行く儀式があったようです。つまり常に閲覧できるものではなく、摂政関白になったときにだけ出かけていってそれを見る、日頃は見られない場所に保存されていたとすれば、平等院説が有力と思われます。

なお現在、近衛家には「陽明文庫」ができていて、蔵が二つあるうちの手前の蔵の二階が展示室になっていて、二十人以上が揃えば参観可能となっています。しかし、展示室に『御堂関白記』は一巻しかありません。他は奥の文化財だけが入っている蔵のなかに厳重に保存されています。そんなふうに言うと、厳重な扉で隔てられた蔵の一番奥に収蔵されているように思うかもしれませんが、実はそうではなく、一番手前の扉の脇の小さい机の上に置かれています。なぜなら火事などの非常時に『御堂関白記』の自筆本だけ持って逃げるためです。近衛家の蔵には他にも国宝が多数ありますが、そのなかでも最初に『御堂関白記』を持って逃げる――これが近衛家代々の掟になっているのです。

文庫長の名和修さんは、消防用と警察用のトランシーバーをいつも二つ持ち歩き、非常時にはすぐ対応できるようにしています。代々そうやって守られてきたからこそ、近衛家の十四巻の自筆本は残ったのです。「残った」というよりも「残した」と表現したほうが正しいかもしれません。

また陽明文庫には、道長の孫の藤原師実《もろざね》の時代に写された『御堂関白記』の古写本も保存されています。自筆本がなかなか見られないことに加え、自筆本は文字や文法が破格で読みにくいこともあって、師実が家司《けいし》の、おそらくは平定家《さだいえ》に命じて写本を作らせたと思われます。最初は定家に写させていたものの、そのうちやる気が出てきたのか、師実は自らも写すようになったようで、師実の筆によるものもあります。古写本は自筆本とは異なり一年一巻にまとめられ、平安末期には十六巻あったようですが、現在は十二巻だけが残っています。

自筆本が文法的に破格なので師実がそれを読みやすく直すように命じて作られたのが『御堂関白記』の古写本である、とこれまでは言われていました。しかし、必ずしもそうとは言えないのではないかと私は考えます。じつは、師実が写したものと家司の定家が写したものを読み比べてみたところ、これが全然違うのです。定家が写したものはいろいろと直しが入っているのですが、師実が写したものは道長が書いたものと非常に似ている、つまりあまり直されていないのです。

例えば、配偶者を表す「つま(妻)」という言葉がありますが、道長はほぼすべての「つま」という言葉に「妾(しょう)」という字を当てています。配偶者の「つま」だけでなく、建物の「つま」、端っこのほうもこの「妾」の字で書いています。これは道長独自の癖なのでしょう。一方、古写本では「つま」はほとんど、私たちが使うのと同じ「妻」に書き換えられているものの、ときどき「妾」という字が見つかります。

以前調べてみたら、「妾」と書いているのはほぼすべて師実が写した巻でした。文法についても師実はそれほど直しておらず、このことについては論文を書きましたが、これは古写本の性格を知る、かなり面白い発見です。

自筆本はめったに閲覧できなかったのに対し、古写本は実用に供されたといわれています。当時、古写本は文車《ふぐるま》に載せられていました。文車とは、牛車《ぎっしゃ》のなかに書棚を設置した、いわば移動式文庫のようなものです。牛に曳《ひ》かせれば移動できます。牛を付けるところを轅《ながえ》といいますが、それを縁のところへ立てかけておくと家のなかから直接文車のなかへ入ることができます。文車に入って、日記を見て、またしまって、家のなかに戻る。けっこう面倒ですよね。家のなかに写本を置けばいいのに、なぜそんな面倒臭いことをしたのかというと、火事になったときに文車を引っ張って逃げるためです。自筆本だけでなく古写本もそうやって大事にされてきたからこそ、今も残っているわけです。

十六巻あったうちの十二巻が残っているということは、古写本はおそらく九条家と分割しなかったのでしょう。近衛家だけが持っていて、後に鷹司家に一部渡したから、その分はなくなってしまったのだと思われます。

日記の表と裏を書き分ける

日記というと毎日書くイメージがありますが、道長は『御堂関白記』をどれくらいのペースで書いていたのでしょう。これについても一度調べてみたことがあります。巻ごとに何日ぐらい日記を付けていたかを数えて集計してみたのです。日の数でいうと六九四〇日のなかで、道長が何か書いている日数は三八三五日だとわかりました。率でいうと五五パーセント。ということは、だいたい半分ぐらいしか書いていない。これは古記録としてはかなり異質です。ほとんどの日記はもっと頻繁に書かれています。

さらに、文字数についても調べてみました。三八三五日で一八万八二九〇字書いています。一日あたりでいうと四九・一字。暦の表側には一日に対して間明きが二行分あり、普通は間明き一行に二行書くので、間明き二行だと四行書くことが可能です。一行に書く文字数の平均は、だいたい二〇字から二五字なので、間明きをフルに使えば一日に八〇から一〇〇字書ける計算になります。それからすると四九・一字というのは、空きスペースの半分程度しか書いていないことになります。もちろんこれは平均値です。

日記は時には表に書かず、裏に書くこともあります。これまでは表の空きスペースに書き切れなかったときに裏に書いている、といわれていたのですが、どうやらそうとも限ら

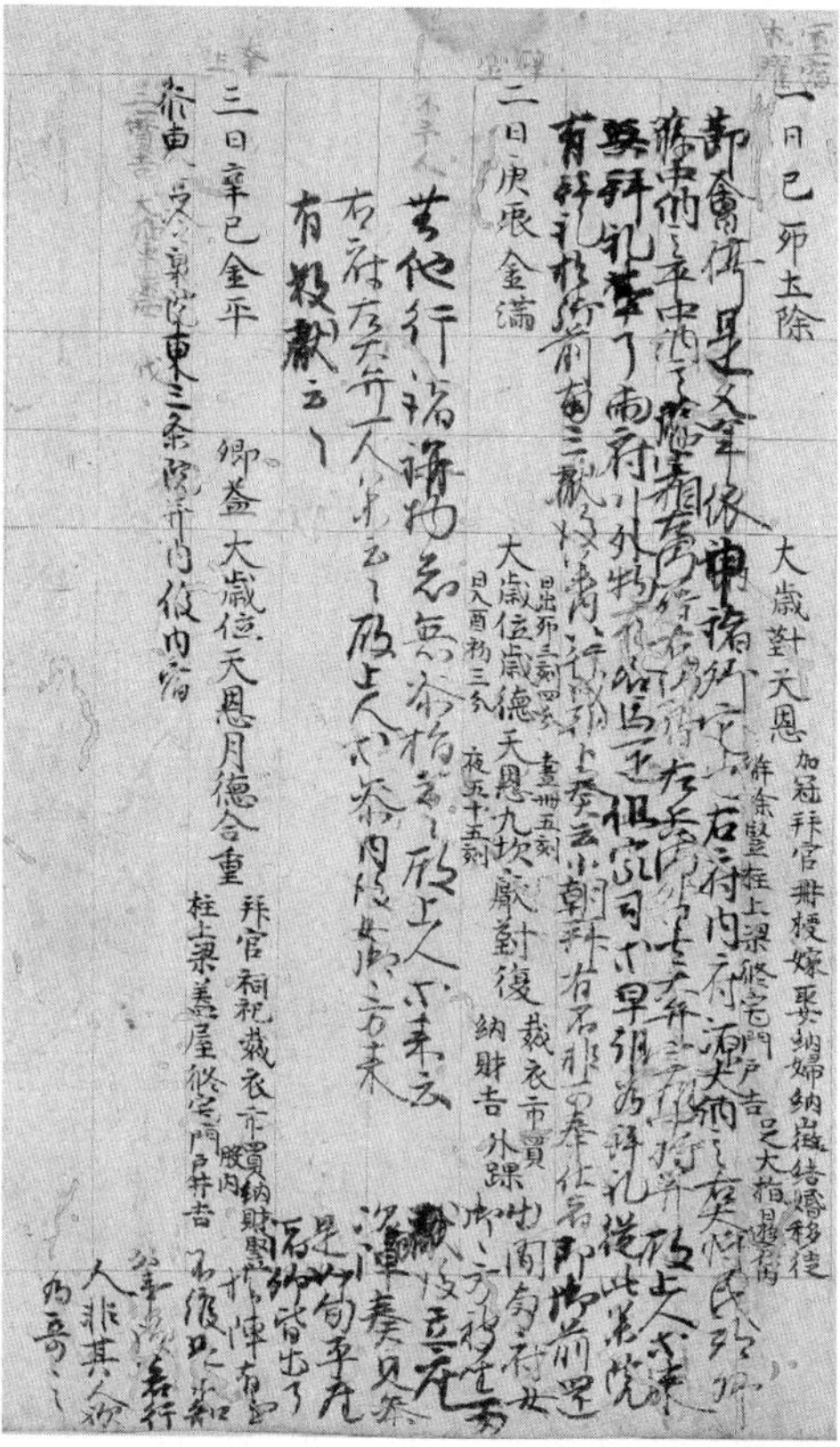

1-1-1.『御堂関白記』長保二年正月一日条表（自筆本.陽明文庫蔵）

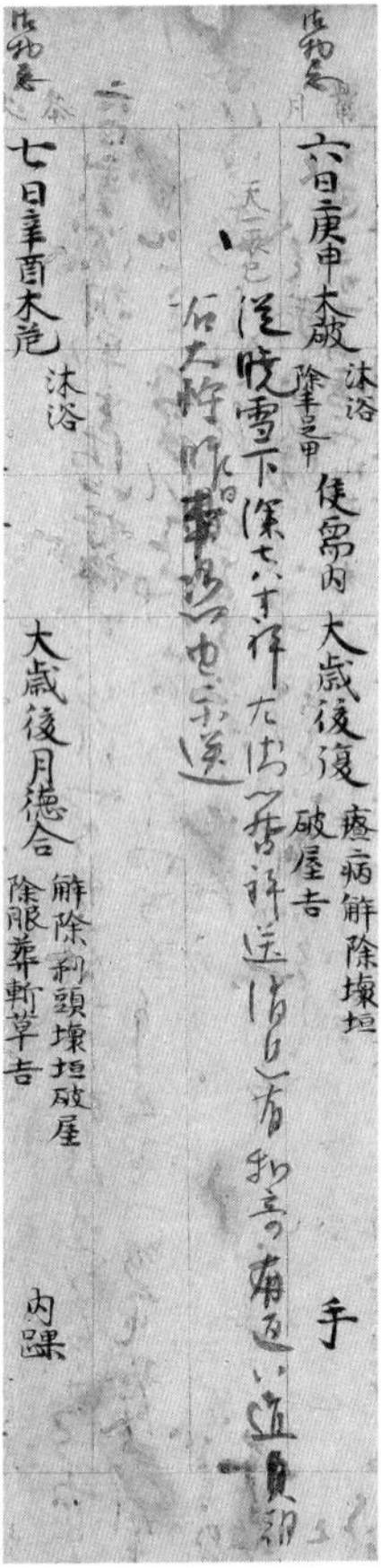
1-1-2.『御堂関白記』寛弘元年二月六日条表（自筆本. 陽明文庫蔵）

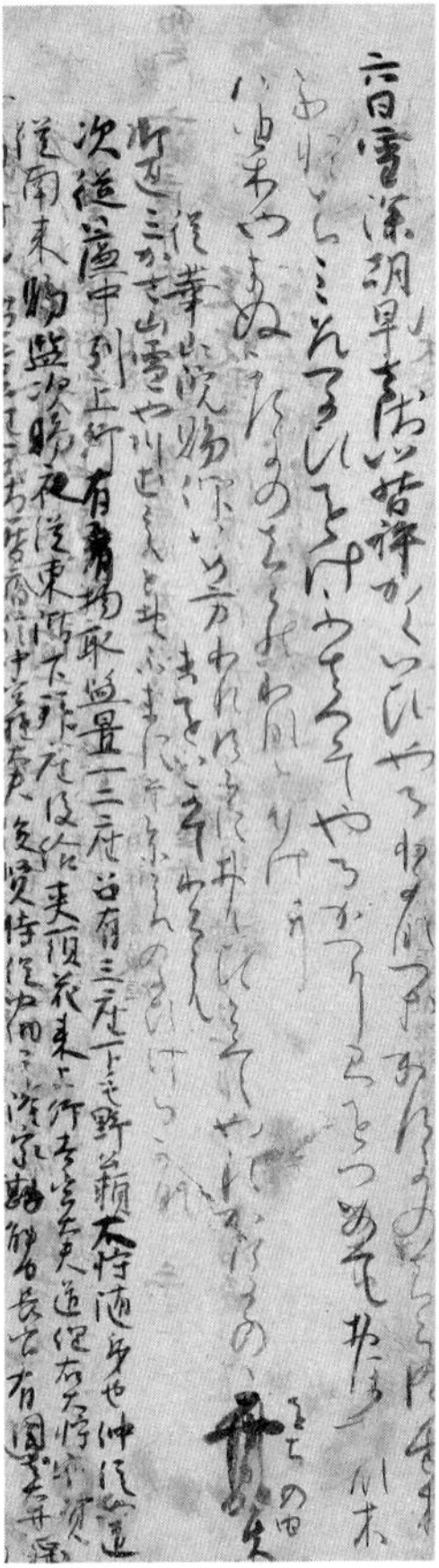
1-1-3.『御堂関白記』寛弘元年二月六日条裏（自筆本. 陽明文庫蔵）

ないようです。道長は裏に書きたくないときは、「なだれこみ」といって、表にはみ出してずっと書いていているのです。翌日のところに書いたり、上部の余白に書いたりもしています。

逆に表にはまだ余白が充分あるのに、裏に書いている場合もあります。それが最もよくわかるのが、寛弘《かんこう》元年（一〇〇四）二月六日の記事です。表の四行書ける余白には一行半しか書いていないのに、裏にはたくさん書かれているのです。この日の記事の場合は、表に

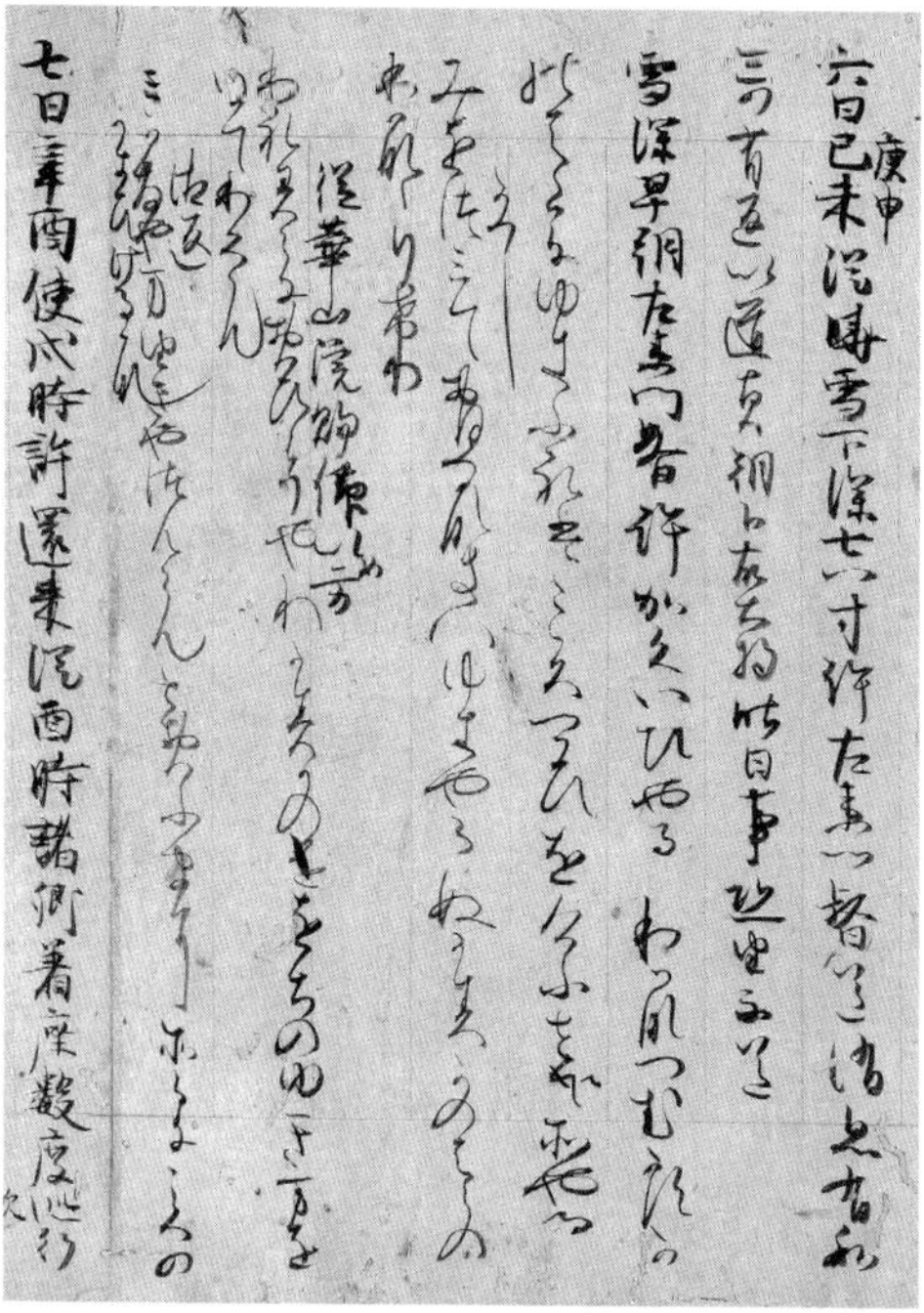
1-1-4.『御堂関白記』寛弘元年二月六日条（古写本. 陽明文庫蔵）

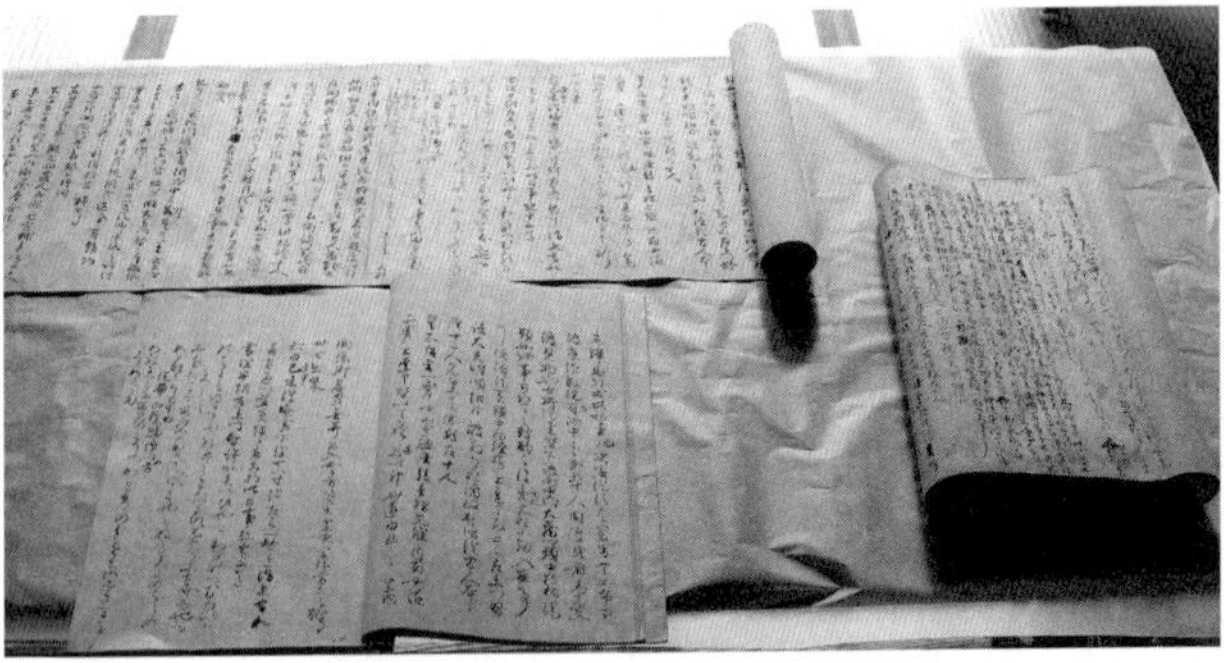

1-1-5.『御堂関白記』寛弘元年二月六日条(自筆本〈右〉・古写本〈左〉・予楽院本〈手前〉. 陽明文庫蔵)

は出来事の概要、裏にはそのときに詠んだ和歌が書かれていました。つまり道長は、表に書くべき内容と裏に書くべき内容を書き分けていたのです。

ちなみに古写本の場合は、道長の意向を無視して裏書《うらがき》の部分も表に続けて書写しているため、裏書というものは存在しません。こうした細かいことは、原本にあたってみないと気づかないものです。

なお、『御堂関白記』の自筆本や古写本はほとんど世間の目に触れることがなかったため、江戸時代のかなり後になるまで、それを写した新たな写本はそれほど作られませんでした。だから『小右記』などは様々な写本があるのに、『御堂関白記』の写本はそれほど存在しません。とはいえ、江戸時代になって近衛家熙《いえひろ》という子孫が古写本を写したもの（予《よ》楽院本《らくいん》）は現存していて、これも陽明文庫に収蔵されています。

私は予楽院本を最初に見たとき、心から感動しました。古写本と筆跡も行替えもまったく同じなのです。家熙は書をはじめ諸芸の天才で、いろいろな書体が書けたのです。自筆本、古写本、予楽院本の三つを並べると壮観です。予楽院本の中身は古写本と同じですが、古写本で虫食いになっているところが予楽院本には残っていたりもするので、もっと光があたってもいいはずなのに、ほとんど注目する人はいないようです。

自筆本だからこそわかること

ではこの章の最後に、『御堂関白記』ならではの特色を挙げておきましょう。

『御堂関白記』は古記録のなかではかなり特異な存在です。まず最大の特色として挙げられるのが、ほとんど人の目に触れないまま残ったという点です。とくに自筆本は、ご神体のようなものとして大切に扱われてきたため、その存在は知っていても関白や摂政以外ほぼ誰も見たことがなかったはずです。古写本も、その後に新たな写本がほとんど作られなかったのを見ると、摂関家にほぼ独占されていたと見ていいでしょう。

もう一つの特色は、自筆の日次記《ひなみき》(日々の出来事を記録した日記)が残っている点です。写真で見るとよくわからないのですが、現物を見ると、明らかにここで墨を継いだ、墨を磨《す》ったということもわかります。さらに、この字を消してこれを書いた、ということまで

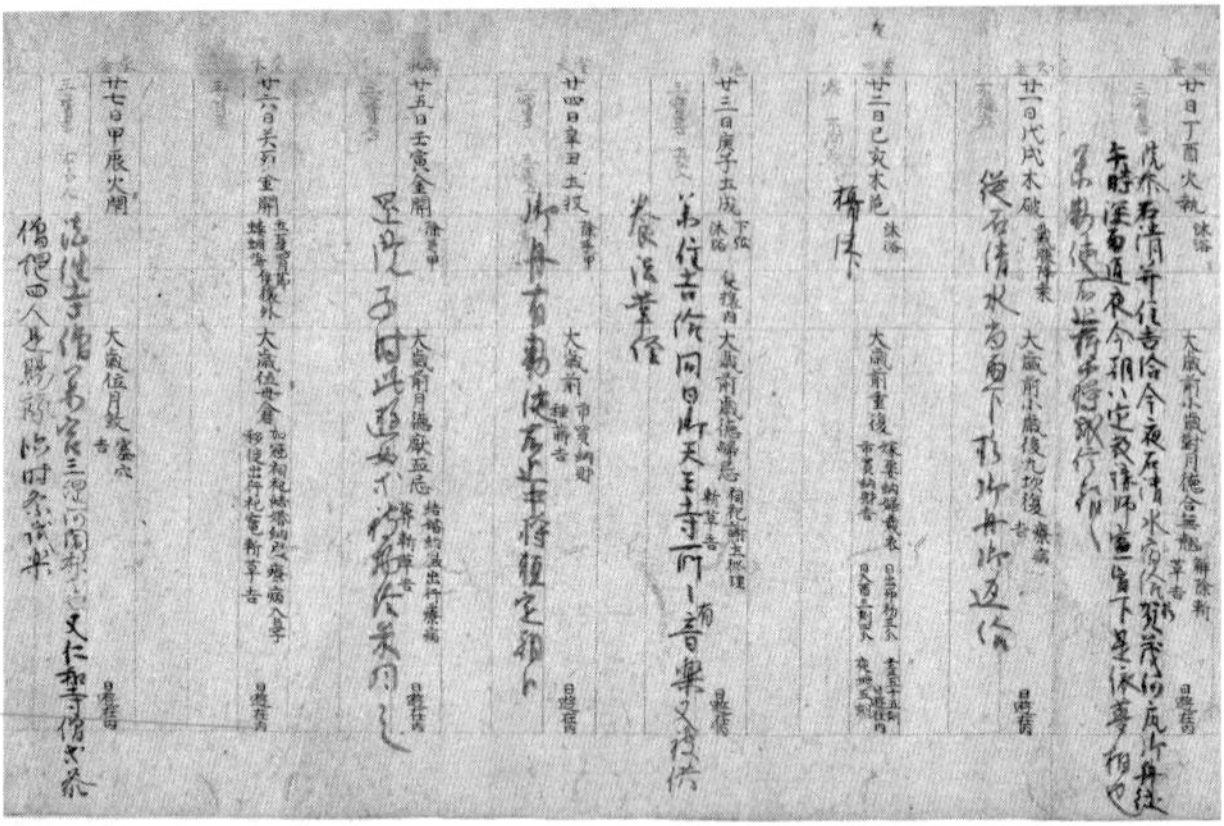

1-1-6.『御堂関白記』長保二年三月二十日条―二十七日条表（自筆本．陽明文庫蔵）

もよくわかります。

他にも、墨の濃淡に注目すると面白い発見があります。例えば長保《ちょうほう》二年（一〇〇〇）三月下旬の日記には、道長がお姉さんの詮子に付いて難波《なにわ》まで行ったときのことが数日にわたって書かれているのですが、そのときの記事を見ると、日を追うごとに墨が薄くなっていきます。普通、書き初めは墨が濃いですよね。毎日書いていたとしたら、毎日、書き初めは墨が濃くて、だんだん薄くなるはずなのに、このときの日記は日をまたいで、だんだん薄くなっています。ということは、一回付けた墨で何日分かをまとめて書いたということになります。つまり自筆本を見ると、道長は毎日、日記を書いてはいなかったことがわかるのです。

他にも『御堂関白記』には他の古記録にはみられない特色があります。道長はメモを取ったりはせずに、記憶だけを頼りにこれを書いていたようです。『小右記』を書いた藤原実資《さねすけ》の場合は、おそらくメモ（懐紙《かいし》や笏紙《しゃくし》、短紙《たんし》など）を持って儀式に出て、それに書き込んで日付と日付の間に貼り継いでいると思われます。一方『御堂関白記』には、メモを貼り付けることは一ケ所もありませんでした。自筆本に貼り継ぎした箇所は、十四巻を調べても一ケ所もありませんでした。こうしたことから、おそらく記憶だけを基にして書いていると考えて間違いありません。だから総じて記事が短いし、間違いも多いのです。なかには長い記事もあるのですが、それらはおそらく、人が書いてくれた式次第のマニュアルを見ながら書いたのだと思われます。その場合も道長の字で書かれています。

また、先ほどの話と重複しますが、表と裏を内容によって書き分けているのも『御堂関白記』の特色です。裏に書いたもののなかで一番多いのが、儀式を行なった際の参加者への禄《ろく》（お土産）に関する記述です。道長は、「大納言には何をどれだけあげた、中納言《ちゅうなごん》には何をどれだけあげた」といった具合に、送った相手と品目をかなり細かく書いています。さらに、出席者の顔ぶれに関しても「誰が来た、誰が来なかった」と詳しく書いています。場合によっては、「この人はなぜ来なかったのか。日頃は仲良くしているのに、俺に含むところがあるのだろうか」などと書いてあったりもします。これは、おそらくは政治的なセンスとして、「こいつは俺の味方なのか、敵なのか」を知るためのものだと思います。他には仏教儀式についても裏に書かれていることが多いようです。

とはいっても、じつは写本しか現存しない『小右記』や『権記』といった他の日記も、もともとは同様のスタイルで書かれていた可能性があります。自筆本を写して写本を作る段階で、裏にあったものもすべて表に書いたので、長い記事の日記になってしまっただけで、もともとは『御堂関白記』のように表と裏、あるいは別記《べっき》を書き分けていたものと思われます。

いずれにしても、自筆本が残っていないと、そうした部分は見えてきません。自筆本が現存する『御堂関白記』だからこそ、そこに様々な発見が潜んでいるのです。

第二章 「一帝二后」成立の裏側

道長の「とんでもない案」

　ではここから、藤原道長《みちなが》の『御堂関白記《みどうかんぱくき》』には何が書かれているのかを見ていきます。その際、日記の中身だけを取り上げるのではありません。どんなふうに書かれているか、どこを修正してどう直したのか、自筆本と古写本ではどう違うのか。そして、それを知ることで何が見えてくるのか――にも注目しながらお話しします。

　まずは長保《ちょうほう》二年（一〇〇〇）の記事を見ていきましょう。長保二年は、道長が政権の座に就いて五年目の年にあたります。五年も経つと徐々に慣れてくるようにも思いますが、この年の元旦の日記にはこんなことが書かれています（前掲1-1-1.『御堂関白記』長保二年正月一日条表（自筆本））。

「元旦の儀式で見参簿《げんざんぼ》（出席簿）を一条《いちじょう》天皇に奏上《そうじょう》しようと思ったら、他の公卿《くぎょう》たちは皆、帰ってしまった」

　道長は最高権力者なので、本来なら勝手に帰ってしまった公卿たちを怒っていいはずですが、彼は皆を怒るのではなく、「自分が儀式を主宰する人間としてふさわしくないのであろうか」と日記に書き留めています。五年経ったとはいえ、まだ道長は三十五歳。政権トップという立場に自信を持てずにいたようです。

このときの道長の状況を知ると、自信を持てなかったのも無理はないように思えてきます。

道長は政治的な嗅覚が非常に鋭い人で、自分が政権を握っても権力は万全ではない、女《むすめ》が后になって、その后が皇子を生んで、その皇子が天皇に即位して初めて権力が確立すると考えていました。

こうした思いから、道長は前年の十一月一日、長女の彰子《しょうし》を一条天皇の後宮《こうきゅう》に入内《じゅだい》させました。ところが当時、一条天皇の後宮にはすでに兄の藤原道隆《みちたか》の女である中宮定子《ちゅうぐうていし》がいて、二人は仲睦まじく暮らしていました。道長の長女である彰子は、まだそのとき数えで十二歳。そのため入内したとはいっても一条天皇とはセクシャルな関係には至らなかったようです。おそらくはずっと後になるまで、彰子と一条天皇はそういう関係ではなかったと思われます。

では大人になるまで放っておけばいいかというと、そういうわけにもいきません。そのままだと彰子の後宮における立場は低下し、せっかく入内させた意味がなくなってしまいます。定子は二人目の子供を前年に産んだのですが、それが男子（敦康《あつやす》親王）だったので、このままだと兄の血筋が東宮《とうぐう》（皇太子）になってしまいます（皇后《こうごう》や中宮と天皇との間に生まれた第一皇子は、これまで必ず皇太子になっているからです）。そういう状況をなんとしてでも食い止めようと、道長は幼い彰子を入内させたのです。

当時はお産の際に母親が亡くなるケースが非常に多かったので、女の幸せを本気で願っているのならば、十二歳で結婚させるなんてことはあり得ません。彰子も「嫌です」と言えばよかったのですが、やはりこういう家に生まれるとそうもいかないのでしょう。考えてみると彰子も気の毒です。彼女は自分が后になるとは夢にも思っていなかったはずでしょうし、ましてや誰かと結婚するにしてもずっと先のことだと思っていたはずです。それがいきなり天皇家に入内させられたのです。

入内した後も彼女は幸せではありませんでした。天皇は自分とはほとんど会ってくれないし、先のおかみさんと仲良くしていて、すでに子供も産んでいます。女同士お互いに辛い立場だと思うのですが、道長はあまりそういうことを考えないたちだったようです。

権力をより強固なものにするために女を天皇に入内させたい、という道長の気持ちもわからなくはありませんが、中宮として定子がいるのに、そこに自分の女を割り込ませようというのはかなりおかしな話です。なぜなら、入内したとはいっても彰子は中宮ではない以上、中宮の産んだ第一皇子が跡継ぎになるというこれまでの原則からすれば、もし彰子が男子を産んだとしても、その子は東宮にはなれないのです。

しかし、道長はとんでもない案を考えつきます。「一帝二后」というものです。つまり、皇后だった人を皇太后《こうたいごう》に上げると皇后が空きますから、中宮の定子を皇后にする。そうして、彰子を中宮にすればいい——そう考えたのです。

しかし、中宮も皇后も天皇の正妃という意味なので、これだと一人の天皇に正式な妃が二人いることになります。本来はあってはならないことなのに、道長はそれを強行しようと動き始めるのです。この動きがスタートしたのは、長保元年の十二月十日ごろからだと思われます。

反故にされた約束

ここからは、年が明けた長保二年正月の日記を読んでみたいと思いますが、その前に、このときの道長周辺の状況について少し補足しておきます。

道長の意向を受けて一条天皇に彰子の中宮立后《りつごう》の意見具申を行なったのは蔵人頭《くろうどのとう》の藤原行成《ゆきなり》ですが、行成が記録した『権記《ごんき》』によると、長保元年の十二月のうちに、一条天皇は彰子の中宮立后を承諾したことになっています。『権記』には、天皇は「しかるべし」

と言ったと書かれています。「しかるべし」の「べし」には強い推測、意志、推量など、様々な意味がありますが、この「しかるべし」は「そうしよう」、つまり了解したと捉えるのが普通です。それを聞いて彰子の中宮立后を一条天皇が了解したと思い込んだ行成は、道長のところへすぐ報告に行きました。報告を聞いた道長は「ああ、これで決まったか」と言って行成に対して最大限の謝辞を述べています。『権記』には道長は行成にこう言ったと書かれています。

あなた一身のことは心配するな。俺がなんとかしよう。あなただけではなく、あなたの子供のことも任せておけ。それは自分の子供によく言っておこう。

後にこの約束は反故《ほご》にされますが、このときは確かにそう約束したのです。行成がそれを逐一自分の日記に書いているのは、この言葉を証拠にして将来の出世につなげたい、子孫の繁栄につなげたいという必死の思いがあったからだと思います。

天皇が彰子立后を承諾したと聞いた道長は、翌年の正月十日にさっそく立后の雑事《ぞうじ》定《さだめ》を行なっています。立后の儀式の日取りを、陰陽師《おんみょうじ》を呼んで占わせるわけです。陰陽師は基本的に国家の官僚であり、朝廷に仕える身なので、道長が呼べばすぐにやって来ます。

陰陽師は依頼した人がどう思っているか、何を求めているかに則《のっと》って占いを行ない、答えを出します。聞いたほうは自分の願っていたとおりだ、やっぱりこいつは偉い、と安心します。それが天才的にうまいのが安倍晴明《はるあきら》でした。道長は十日に晴明を呼んでいろいろなことを占わせ、その結果をもとに立后の儀式を行なうことになりました。

立后の儀式は複雑かつ大がかりで、大きく分けると三つの儀式から成り立っています。最初に内裏《だいり》のなかで「立后宣命《りつごうせんみょう》」を作ります。これは誰それを后にするという宣命ですから、天皇の出す口頭の詔《みことのり》です。今の神社で読み上げられる祝詞《のりと》に近いものです。その後、「宮司除目《みやづかさじもく》」といって、中宮だったら中宮大夫《ちゅうぐうだいぶ》とか、中宮亮《ちゅうぐうのすけ》といった中宮職《ちゅうぐうしき》の職員を任命します。当然、除目ですから天皇の御前で行ないます。

ここまでが内裏で行なわれる儀式ですが、それが終わると公卿たちはズラズラと連れ立って后のいる本宮《ほんぐう》に向かいます。本宮とはほとんどの場合、后の里第《りてい》（実家）なので、彰子の場合は土御門第《つちみかどてい》へ皆が行きます。彰子は数日前からそこに待機している。到着すると勅使《ちょくし》が宣命を后の前で読み上げ、その後は一次会、二次会と大宴会が続きます。これが「本宮の儀」です。

脅される一条天皇

ここまで読んで、意外にスムーズに物事が運んだように思われたかも知れませんが、道長と天皇の間に入った行成は、かなり苦労したようです。一条天皇は、いったんは「しかるべし」と彰子の中宮立后を承諾したものの、やはり不安や迷いがありました。まず一つは、中宮でなくなった後、定子はどういう扱いになるのだろうという私的な愛情から来る不安。そしてもう一つは、「一帝二后」という前例を自分が最初に作ってしまっていいのか、という公的な不安です。

何事であっても前例がないことをやるのは勇気がいるものです。一度前例を作ってしまうと、あの人がやったから次もいいだろうと、いつしかそれが通例になってしまう。一条天皇は慎重なところがある人で、そうなるのは避けたいという思いがあったようです。

しかし、すでに周りはどんどん動き始めます。行成は道長のところを訪れて、「しかるべし」という一条天皇の勅答《ちょくとう》を伝えたため、道長は当然、「これは決まった」と信じて準備を進めます。さらに一条天皇は、道長の姉で自分の母親の藤原詮子《せんし》にも「立后については許すことにした」と意向を告げてしまっています。今さら後戻りはできません。

ところが、これは『権記』に書かれていることですが、行成は一条天皇に呼びつけられて、「后については先日、院（詮子）に申したが、しばらく披露してはならない」という命を受けました。ということは、十二月下旬の時点で、行成は天皇から「まだ后のことは決めかねているから、公言しないでくれ」と聞いたことになります。これはかなり行成にとってはショックです。このときすでに行成は道長に「天皇から承諾をもらった」と伝えてしまっていたわけですから。「詮子さんがあんなに喜んでいるのに、じつはまだ決まっていないとなったら、道長さんの立場はどうなるのだ。えらいことをしてしまった」と彼は焦ったはずです。

行成は必死になって一条天皇に説得を試みます。『権記』には、一条天皇のところに行って、彰子立后を正当化するための理由を述べながら何度も説得している行成の様子が書かれています。これは『権記』の年末の日記には書かれておらず、年が明けて正式に彰子立后が決定した正月二十八日の記事に書かれています。

行成が年末のやりとりをリアルタイムでは書かずに、年が明けてからやっと書いたのには理由があります。もし彰子立后が実現しなかったら、自分がそういう動きをしていたことが後世まで伝わり、立場的にまずくなると思ったからです（正式に決まった場合は、自分の功績になるので、書いたわけです）。決まらなかった場合は知らないふりをしておこうと、おそらく思っていたはずです。行成にはこういった小心なところがあるのです。

『権記』の正月二十八日の記事を、写本だけではなく『権記』を引用した部類記《ぶるいき》まで読むと、行成は一条天皇に向かって「このままだと定子は廃后《はいこう》になってしまう」とまで言って説得を試みます。「廃后」というのは文字通り、后を廃されるという意味です。かつて光仁《こうにん》天皇の皇后の井上《いのうえ》内親王が、天皇を呪詛《じゅそ》した事件に連坐して廃され、また清和《せいわ》天皇の女御《にょうご》で、陽成《ようぜい》天皇の時代に皇太后《こうたいごう》に立てられた藤原高子《こうし》が、僧と密通したとして廃されたことがありましたが、そんなことはめったにありません。ましてや定子は悪いことをしたわけではないので、廃后になるはずがないのです。しかし行成は、そうやって脅せば、天皇が「廃后になるくらいだったら、もう一人后を立てたほうがましだ」と思うに違いないと考えたのでしょう。

さらに行成は『権記』のなかで、定子のことを「素飡《そさん》の臣」といって非難しています。「素飡」というのは「禄盗人《ろくぬすびと》」、つまり給料だけもらって何もしない人という意味です。何もしていないといっても、定子は皇子を産んだのですから中宮として最も大事な仕事をしています。しかし行成は「定子は神社の祭儀をやっていない。とくに大原野《おおはらの》社のお祭りに全然関わっていない。だからもう一人、后が必要である」と、もっともらしい理由をつけて天皇を説得しています。

行成の熱心な説得の甲斐あってか、年が明けると一条天皇は渋々ながらも正式に立后を認めます。つまり、一条天皇は行成の脅しに負けたのです。しかしこれとは別の解釈を唱える人もいます。一条天皇は早くから彰子立后を認めるしかないと思っていたのに、それを正当化する理由が見つからずに困っていた。だから行成はそこを突いて、理由を教えてあげたのだ——というのがその解釈です。確かにその可能性も否定できませんが、私はやはり脅されたから彰子立后を承諾したのだろうと思います。

こうした動きは一条天皇と行成の間だけでやっていたことなので、道長は感知していません。一条天皇が逡巡していることすらも道長は知らなかったはずです。おそらく行成は、自分と天皇との細々としたやりとりを道長に伝えていなかったと思われます。知られたら間違いなく怒られるからです。

強い意思を伴う「黒塗り」

では『御堂関白記』の長保二年正月十日の記事を読んでみましょう。

この日の記事を見ると、「十日、戊子《つちのえね》。雪、大いに降る。一尺二、三寸ばかり」とあり、ここで文章がいったん終わっています。大雪が降ったとありますが、正月十日ですから、今の暦で言うと二月十七日です。一尺二、三寸ですから、四十センチぐらい雪が積もったようです。当時の京都は現在よりはるかに寒かったと言われていますので、そのくらい降ることも珍しくはなかったのでしょう。

その後に続けて三行にかけて何かが書かれているのですが、その部分は墨で消されていて、いきなり「夜に入りて、院に参る。修正月《しゅしょうがつ》、結願《けちがん》す。後に大内に参る。候宿《こうしゅく》す」と書いて、この日の日記は完結しています。院とは東三条院《ひがしさんじょういん》詮子のことですから、この部分は「夜になって、姉の詮子のところへ行った。修正月という儀式が結願を迎えた。後に内裏に参った。内裏に泊まった」と理解していいはずです。

墨で消してあるところの前も完結した文章で、消した後に続いているのも完結した文章となっています。ということは、「一尺二、三寸ばかり」で文章が終わって、その後に違うことを書き始めたものの、「これはあかん」ということに気づいて、そこまでを全部消した後に、「夜に入って」と何事もなかったかのように書き始めたことがわかります。

『御堂関白記』は、ひろく人に見せるために書かれたものではありません。書いた自分

1-2-1.『御堂関白記』長保二年正月十日条表(自筆本. 陽明文庫蔵)

だけがわかればいいわけです。そのため道長は、字に間違いがあったときには間違えた字の上に正しい字を重ねて書いています。間違えた字の上に次の字を書かれると、なんと書いてあるか両方ともわからなくなってしまうので、我々研究者からすると非常に迷惑な話です。

他の古記録では、間違えたとき、普通は「見せ消ち」といって、横に踊り字のような抹《まっ》消《しょう》符《ふ》を打って、隣に新たに次の字を書きます。したがって私たちがそれを読むと、最初の間違った字も読めるし、新しく書いた字も読めるのです。ところが道長の場合、前の字の上に次の字を書くから両方ともわかりません。やっかいなことに『御堂関白記』ではこれが普通なのです。

しかしこの日の記事の場合は、字の上に上書きされているのではなく、墨で塗りつぶして抹消されています。今残っている『御堂関白記』には、三ケ所ぐらい濃い墨で消している箇所がありますが、他の二ケ所はそれほど長い抹消ではありません。この日の日記の抹消は三行に渡っていますので、これほど消したのは異例です。

しかも、これは現物を実際に見て初めてわかるのですが、それまで書いていた字の墨とはまったく違う濃さで消されているのです。それまでかすれ気味に字を書いて、「二、三寸ばかり」の文字などはほとんど薄い墨になっているのに、抹消の墨は非常に濃いものです。さらに現物を見ると、五回、線を引いているのがわかります。筆に濃い墨をいっぱい付けて、五回も消しているのです。陽明《ようめい》文庫の名和氏は、「塗りつぶすために墨を磨《す》り直したのではないか」と言っていましたが、よほどの意思を持って消していることがわかります。

消された文字を調べることでわかる真実

とはいえ、そこは道長らしく、消し方がいい加減です。写真版を見ると、ところどころ消し忘れがあったり、消した線の両脇から下の文字の一部が見えていたりします。これは調査してみる必要がありそうだと思った私は、一九九七年、陽明文庫の名和氏に電話をして自筆本の現物を見せてほしいと頼みました。名和氏は「消したものを読まなくても」と、最初は難色を示していましたが、見ているうちに面白いと感じたらしく、こんなやり方をしたらもっと見えるのではないか、といろいろ試してみることになったのです。もちろんX線撮影でもすれば何が書かれていたのかすぐにわかるはずですが、超一級の国宝なのでさすがにそういうわけにはいきません。通常のやり方で一番よく見えるのは、裏から光を当てる方法でした。

そんなわけで、九文字が新たに判定できました。じつはそこに書かれていたのは、正式に立后が決まった正月二十八日に書かれた記事とほとんど同じ内容でした。十日に書こうとしたものを消して、正式に決まった二十八日にもう一回書いていたのです。

どうやって隠された文字を推定していったのか、具体的なプロセスを紹介しておきましょう。まず墨で消した部分の一行目の左側に「日」という字の左端、右側に「青」という字の右端が見えたので、そこには「晴」という字が書かれていると判明しました。その下の字は「日」という字が入っていて、これは完璧に消されていましたが、右側は「月」という字が半分以上見えていたので、これはおそらく「明」という字です。「晴」という字と「明」という字ですから、ここに書かれているのは安倍晴明だとわかります。二行目にも「晴」「明」という字が判明しました。他には「事」「初」「無」という字や、「献」という字も見つかりました。さらに墨で消された部分の最後には、数字の旧字体の「廿(二十)」と書かれているようでした。

つまり道長は、はじめは「晴明に占ってもらったら、二十何日に彰子を中宮にするのがいいという結果が出た」と書こうとしたのです。二十というのは日付で、二十何日と書こうとして、二十まで書いて「あっ、これはまずい」と思って消し始めたのだろうと思います。気になるのが、献上の「献」という字です。「献じる」という言葉は自分よりも偉い立場にある人に使いますが、道長より偉い人といえば天皇か女院《にょういん》しかいません。この場合、献上する相手はお姉さん（東三条院詮子）と思っていいはずです。つまり、「彰子が中宮になるのは二十何日に決まったことを東三条院に報告した」と書こうとして消したのです。

では、なぜこれを消してしまったのでしょう。おそらく、どの時点かはわかりませんが、道長は「じつは一条天皇はまだ迷っているようです。彰子を本当に中宮にするかどうかはわかりませんよ」という情報を誰か（もしかしたら詮子）から聞いたのでしょう。もっと前に情報は伝わっていたのに、道長がそれを忘れていただけなのかもしれません。それで、書いている途中で思い出して、「これはだめだ」と思って一生懸命消し始めたわけです。

道長は完璧に消したつもりだったようですが、消し方が少々杜撰《ずさん》だったため、千年以上経った今、こうやって解読されてしまいました。実際に十数日後には正式に立后が決まり、晴れて彰子は中宮になったので、見えていたとしても何も問題はありませんが、もし一条天皇が立后を拒否していたらどうなったでしょう。道長はもっと完璧に消そうとしたでしょうし、行成も自分が一条天皇を説得したことを『権記』に書くことはなかったはずです。

こうした宮廷政治史の裏面が明らかになったのは、自筆本が今日まで残り、誰でもそれを見ることができる時代になったからです。こういう発見は、写本だけしか残っていない他の日記ではなかなか起こり得ません。本人が書いた、消した、直したものがそのまま残っていた『御堂関白記』だからこそ、真実が見えてくるのです。

第三章　書き方や消し方からわかること

日記の「裏書」とは何か

この章では寛弘《かんこう》元年（一〇〇四）二月六日の『御堂関白記《みどうかんぱくき》』を取り上げます。そうはいっても『御堂関白記』には、寛弘元年という巻は存在しません。日記を記録する具注暦《ぐちゅうれき》は前年の十一月に完成されるため、その時点では翌年に改元《かいげん》があるかどうかはわからないからです。この年は日照りが長く続いたため、災異《さいい》を断つために七月になって改元して寛弘元年となったのですが、当然、具注暦には前年までの元号である長保《ちょうほう》六年が使われています。

興味深いことに、自筆本だけでなく古写本も長保六年となっています。古写本が作られたのは藤原道長《みちなが》の孫の時代ですから、この年が寛弘元年だったことはわかっているはずなのに、なぜか長保六年と書いてあります。これは自筆本の記載を尊重したということなのでしょう。

最初の頃はたまにしか日記をつけなかった道長ですが、この年から出家するまでは、コンスタントに日記を書いています。これには前年に嫡男《ちゃくなん》の藤原頼通《よりみち》が元服して、近衛《このえ》少将に任じられたことが関係していると思っていいでしょう。頼通はこの年の二月の春日祭（春日社の例祭）に朝廷から勅使《ちょくし》として下向しますが、年齢はまだ十三歳。こんな幼い子を行かせて大丈夫だろうかということで、記録を子孫に残しておこうという気持ちから日記を毎日書くようになったのだと思われます。二月六日の記事は、非常にほのぼのとした親としての気遣いがよくわかる内容です。

それまで道長は、書く記事が多かった日は次の日のスペースになだれ込ませて書いていましたが、この月の五日から紙背《しはい》（裏）も使って書くようになります。おそらく彼は、それまで日記には裏書《うらがき》があることを知らなかったのでしょう。『小右記《しょうゆうき》』などを見れば、裏に書いてもいいというのはわかるはずなのですが、それをやらなかったということは、道長は他人の日記をあまり読んでいなかったのだろうと推測できます。

それでは、まず前日の二月五日の出来事から見ていきましょう。この日、道長の土御門《つちみかど》第《てい》では都から春日社へ出発する儀式（春日祭使出立《しゅったつ》の儀）が行なわれました。祭使に指名された人が内裏《だいり》に集まり、天皇から宣命《せんみょう》を賜わり酒が振る舞われます。頼通は今で言うと小学生の年齢でしたが、当時は何歳から酒が飲めるという決まりがないため、おそらく頼通にも酒を飲ませたと思われます。そして、翌六日に祭が行なわれる春日社へと向かいます。

道長は当然、都にいるのですが、六日の朝、起きると大雪でした。このときの様子が六日の日記には次のように書かれています。「暁《あかつき》より雪下る。深さ七、八寸ばかり。左衛門《さえもん》督《のかみ》の許《もと》に消息を送る。和歌有り」。深さ七、八寸とありますから、三十センチ近い積雪があったようです。それを見て道長は愛息のことを心配します。そして「左衛門督の許に消息を送る。和歌有り」。左衛門督とは藤原公任《きんとう》のことなので、ここは道長が公任に和歌を送ったという意味でしょう。公任という人は才能溢れる人物で、歌の名手で漢詩や音楽も得意という、いわゆる「三舟《さんしゅう》の才」の持ち主でした。一方、道長は自分の歌を『御堂関白記』にはほとんど書いていません。日記のなかに三ケ所ぐらい道長が詠んだ歌が記されていますが、いずれも公任絡みです。おそらく道長には「日記には歌など書くものではない」という認識があったのだろうと思いますが、公任だけは特別だったようです。

二月六日の記事には、続けて「道貞《みちさだ》朝臣を以て、右大将《うだいしょう》に昨日の事の恐《かしこ》む由を示し送る」とも書かれています。右大将とは右近衛府《うこのえふ》の長官の藤原実資《さねすけ》のこと。道長の子の頼通は右少将《うしょうしょう》なので、実資は直属の上司にあたります。ここでは前日の五日に頼通が出立《しゅったつ》する宴会をやっているところに、右大将の実資が来てくれたことのお礼を送ったと書いています（前掲1-1-2.『御堂関白記』寛弘元年二月六日条表〔自筆本〕）。

実資は普段はこういうところへはめったに来ない人なのです。それがわざわざ来てくれたので道長は非常に喜び、実資にお礼として馬を贈ったりしています。じつは実資はそれを狙っている節があります。普段は行かないけれども、大事なところで行くと道長が喜ぶのを知っていて、タイミングをはかって行っています。ただ、このときは右少将の頼通が出立するのですから、上司にあたる右大将が顔を出すのは、当たり前と言えば当たり前なのかもしれません。

ここまでが具注暦の表側に書かれている内容です。スペース的には一行半ほどしか書かれておらず、まだ二行半ぐらい書けるのに、そこは空白にして、そこから裏に行っています。ここで注目すべきは表側の上のほうに一つチョンと墨で点を打ってあることです。この点が何であるのかはずっとわかりませんでしたが、私の主宰する共同研究会で「これは裏書を書くときのアタリではないか」という意見が出て、確かにそうかもしれないと思いました。

「アタリ」とは印のことです。何の印かというと、五日も裏書が書かれていて、ひっくり返すと紙背には五日の裏書があるため、六日の裏書をどこから書いていいかがわからないので、印を付けておくことで「ここからが六日の記事スペース」とわかるわけです。『御堂関白記』の自筆本には薄い上質な紙が使われているため、チョンと点を打って裏返すと透けてアタリが見えるわけです。

とはいっても、六日の裏書は五日の裏書の右側に書かなくてはなりません。五日の裏書がなかったら、ずっと左へと書き続けることができたのに、五日の裏書があるため、六日の裏書を書くスペースは限られていました。

愛息を心配して公任と和歌を送り合う

では、この日の裏書には何が書かれているのでしょうか。前日の五日の記事は、表に書き切れなかったことを続けて裏に書いています。文章の途中から裏に行っているのを見ても、明らかに表に書き切れなくなって裏に書いたことがわかります。しかし、六日の裏書は前日とは違い、表の続きではなく和歌が何首も書かれています。表には「雪が降った。公任とやりとりをした。実資のところへお礼を送った」と出来事だけを書き、裏を見ると歌が書いてあります（前掲1-1-3.『御堂関白記』寛弘元年二月六日条裏〔自筆本〕）。

これを見ると、道長は意図的に表と裏を書き分け、歌だけを裏書として記録しようとしたことがわかります。つまり道長には、和歌は具注暦の表に書くべきものではない、というこだわりがあったのです。

しかも裏書には、「六日。雪が深い。早朝、左衛門督の許へこのように云って送った」と書いて、その後に和歌が書かれています。表に「雪が深い」と書いてあるのに、裏にも同じことを書いたのは、この部分は歌の詞書《ことばがき》として書かれたものだからです。だから独立した文章なのです。

「早朝」と書こうとして、道長は「朝早」と間違って書いてしまっています。もしかすると「朝」とまず書いて、普通の朝ではなくて早い朝だと思いなおし、朝の下に早という文字を書いたのかもしれません。それで気づいて「レ点」を打った。それで「早朝。左衛門督許かくいひやる」。ここまでが詞書ですが、「かくいひやる」が仮名で書かれていることにも注目すべきです。

この当時、まだ平仮名は完全には成立していませんでした。仮名は七世紀にまず万葉仮《まんようが》名《な》ができて、九世紀ぐらいにお寺で片仮名が使われるようになった。一方で『御堂関白記』に見られる仮名は、草書体から来た仮名のため、「草仮名《そうがな》」や「半平仮名《はんひらがな》」といいます。これがもっとくだけて、平仮名になるわけです。平仮名がいつできたかは微妙な問題で、おそらく女性と男性でも違います。かつて仮名は「女手《おんなで》」といわれ、女性が使う字だとされていました。男が仮名を使うようになったのはずいぶん後です。しかし、ここで書いているのは和歌ですから、まさか男だからといって万葉仮名で一字ずつ書くわけにはいかないため、草仮名や半平仮名で書いたのでしょう。

「かくいひやる」の後に道長の詠んだ歌が続きます。通常は平仮名で書きますが、自筆本を見ると、すべて平仮名とは言いがたく、ところどころ草仮名や漢字の半平仮名と思われるものも見つかります。道長は平仮名、草仮名、半平仮名、万葉仮名を混ぜて使っているのです。

「わかなつむ　かすかのはらに　ゆきふれは　こころつかひを　けふさへそやる（若菜摘む春日の原に雪降れば心遣ひを今日さへぞやる）」

春日の原に雪が降っているので、かなり難儀なことであろう。今日も気遣われる。という意味の歌で、この歌からは自分の子を気遣う優しい親心が伝わってきます。このときは公任の子も一緒に春日社に行っていたので、自分の子だけでなく、公任の子の無事も一緒に祈っています。そういう歌です。続けて公任からきた返歌が書かれています。

「みをつみて　おほつなきは　ゆきやまぬ　かすかのはらの　わななりけり（身をつみておぼつかなきは雪やまぬ春日の原の若菜なりけり）」

途中一文字空いていますが、ここにはおそらく「か」が入って「おほつかなきは」と詠んだと思っていいでしょう。公任から来た短冊かなにかを見て写しているはずなのに、道長は抜かしてしまったのです（わかなの「か」も抜かしています）。道長はこういうことに慣れていないのでしょう。字自体もあまりきれいな崩し方ではありません。

ある国文学研究者に聞いたところによると、仮名よりも漢字を書くほうが簡単だそうです。漢字は崩さず楷書《かいしょ》で書いても恥ずかしくないからです。基本的に漢字は楷書で書けと律令（公式令《くしきりょう》）にも書いてあります。ところが仮名を書く場合、活字みたいな仮名を書くのは恥ずかしいこととされていました。仮名は崩したうえで続けて書かないと笑われる。だから漢字より仮名を書くほうが難しかったのだそうです。

日記を読み返さない道長

六日の裏書にはこうした歌のやりとりが書かれているのですが、道長が裏書を書き始める段階では、おそらく自分の歌と公任の歌だけが手元にあって、それを限られたスペースにうまく収めて書こうとしたはずです。二首だと詞書を入れても三行分くらいなので、五日の裏書の右スペースに余裕で収まるわけです。

ところが予期せぬことが起こりました。花山院《かざん》からも歌が届けられたのです。花山院というのは有名な歌人かつ宗教者で、彼が兼家《かねいえ》の陰謀によって出家したおかげで一条天皇《いちじょう》が即位できたのです。花山院と道長は交流が深く、一緒に競馬《くらべうま》を観たり、花見に行ったりする仲でした。

道長は花山院からきた歌も日記に書こうとしますが、残りは一行半ぐらいしかスペースがありません。それでも無理矢理そこに収めています。途中からは細字双行《さいじそうぎょう》といって二行書きの割書《わりがき》にして書いています。

「花山院より仰せを賜ふ。女方を以てす」。花山院より仰せが来た。女房《にょうぼう》が訪ねてきたと、歌が贈られた経緯がまず書かれています。その後に花山院の歌が続きます。

「われすらに　おもひこそやれ　かすかのの　をちのゆきまを　いかでわくらん（我れすらに思ひこそやれ春日野のをちの雪間をいかで分くらん）」

春日野の遠い雪間を、若君がどのように踏み分けていくことか、この私でさえ案ぜられます、というのがこの歌の意味です。この和歌は一部修正されていて、いったん「ゆきの」と書いた箇所が消され、横に「をちのゆきまを」と直されています。道長は、花山院からきた歌をそのまま写さず、途中でこちらのほうがいいと思って変えたのでしょうか。それとも単に花山院の歌を写し間違えただけなのでしょうか。いずれにしても消してあり、横に新たに「をちのゆきまを」と書き直してあります。

ここでやめておけば、ほぼ一行空けで五日の裏書の右横に収まるのですが、道長はその後に自分が送った返歌も書いています。もうほとんどスペースがないため、かなり小さな字で詰め詰めに書かれています。

「みかさやま　ゆきやつむらんと　おもふまに　そらにこころの　かひけるかな（三笠《みかさ》山雪や積むらんと思ふ間に空に心の通ひけるかな）」

三笠山に雪が積もっているだろうと思っている間に空に心が通ったでしょう、という意味の歌です。この歌にも一ケ所おかしな点があります。「かよひけるかな」の「よ」が抜けてしまっているのです。一度でも見直したら抜けていることに気づくはずですが、おそらく道長は自分の書いたものを読み返したりしないたちだったようです。

二月六日の歌に潜むいくつもの謎

以上が二月六日の裏書にある歌のやりとりですが、じつは不思議なことに、これらの歌は『栄花物語《えいがものがたり》』と『後拾遺和歌集《ごしゅういわかしゅう》』にも収録されています。道長が公任に歌を送って、公任から返歌が来た。次に花山院から歌が来て、道長が歌を返した。つまりすべてが道長の手元にあったわけです。プライベートなやりとりだったら当事者同士にしか歌は残っていないはずなのに、なぜ他の書物に同じ歌が見られるのでしょうか。

『栄花物語』の作者が赤染衛門《あかぞめえもん》だとすると、赤染衛門は道長の女《むすめ》の彰子《しょうし》の女房でしたから、歌は道長から彰子、彰子から赤染衛門へと渡ったとも考えられます。では、勅撰集《ちょくせんしゅう》である『後拾遺和歌集』にはどうやって伝わったのでしょうか。もしかすると、これはプライベートなやりとりではなく、公の場所で詠み合ったものだったのかもしれません。

公の場で歌を詠みあった可能性があるとすれば、二月七日です。七日に春日祭勅使が都に戻ってきて、「還饗《かえりあるじ》」という宴会が開かれました。そのときに歌が詠み上げられ、誰かがそれをメモに取って、やがてそれがいろいろなところに引用されるようになったという可能性も考えられます。

また、六日の裏書を読んでいると、もう一つ謎が生まれます。それは花山院の存在です。道長と公任の歌のやりとりを知って自分も——と歌を送ったとしたら、花山院はどうやって道長と公任が歌をやりとりしているのを知ったのでしょうか。

この謎を解明するには、三人が住んでいた場所に注目する必要があります。道長は現在の仙洞御所《せんとうごしょ》にあたる場所にあった土御門第にいて、公任は四条宮《しじょうのみや》にいました。土御門第と四条宮とはやや距離があります。一方の花山院はどこにいたかというと、京都御苑のなかの西側の花山院という邸第《ていだい》にいました。四条宮から土御門第に行くときには花山院の前を通ることになります。

だとすると、こんな仮説が成立します。歌を届けるために道長と公任の邸第の間を行き来していた使者が自分の邸第の前を通るのを花山院に仕える者がたまたま見つけて、「どこに行くのか」と呼び止め、二人が歌のやりとりをしているのを花山院が知った。それで自分も歌を書いて女房に届けさせたのではないか。

あるいは還饗のときに、道長と公任の歌のやりとりが評判になり、宴会に参加していた人が花山院にその話を伝えたことで、「では、わしも参加しよう」と、道長のところへ歌を送ったとも考えられます。そうだとすると花山院の歌は六日ではなく、七日に届いたのかもしれません。本当のところはわかりませんが、そんなふうにあれこれと想像を巡らせられるのも古記録《こきろく》を読む楽しみです。

自筆本と古写本、予楽院本を見比べてわかること

「古写本」「予楽院本《よらくいん》」がこの裏書をどう写したかに注目してみても面白いでしょう。

古写本には裏書は存在せず、表の記事に続けて自筆本の裏書を写します。そのため、古写本の六日の記事はかなり間抜けなものになってしまっています。この日の日記には表にも裏にも「雪が深い」と書いてあります。裏書にある「雪が深い」は、道長にしてみればその後に続く歌の詞書として書いたつもりなのでしょうが、これを表に続けて書いてしまうと「雪下る。深さ七、八寸ばかり」と書いた二行後に、「雪深し」が再び来て、非常に間抜けになってしまうのです（前掲1-1-4．『御堂関白記』寛弘元年二月六日条〔古写本〕）。

他にも古写本と自筆本を比べてみると、面白い発見があります。自筆本で花山院の歌が詰めて書かれているという話をしましたが、古写本も同じように間を詰めて写されているのです。これについては、記主《きしゅ》である道長を尊重し、そのまま写したのだろうと思うとこ

ろですが、じつはそうともいえません。

というのは、古写本の六日条の終わりで、紙継ぎがしてあるからです。つまり、道長の原文を尊重するという意向からではなく、単に紙を跨《また》がずに一枚の紙に収めたかったから詰めて書いたのです。こうしたことがわかると、古写本がどんなふうに作られたのかもおのずとわかってきます。古写本は、まず巻物を作ってそれに写すのではなく、四角い紙に写して、それを後で貼り継いで巻物にしていたのです。

よくよく考えたらこれは当たり前のことです。自筆本には日記を書いている日も書いていない日もあります。書き込むベースが暦の巻物なので、すべての日にちがあるわけです。一方、古写本は道長が書いた日だけを写すので、一年分の分量が年によって違います。最初の頃はあまり書いていないので、四年分ぐらいを一巻にし、一方で寛仁《かんにん》元年（一〇一七）などはものすごく多くの記事が書かれているため、かなりの太巻になっています。なおかつ寛仁元年の場合は、六月と七月の間をいったん切って二巻にしようとしたものを、後で思い直し、また貼り継いだつくりになっています。つまり、古写本は実際に写してみないと一年分の分量がわからないので、いったん四角い紙に書いて、それを後で貼り継いで巻物を作るしか方法はなかったのです。

ついでに述べると、古写本を近衛家熙《いえひろ》が写した「予楽院本」というものがありますが、家熙は古写本と同じ筆跡で写してあるだけでなく、他の部分も完全にコピーしています。例えば古写本は、六日の歌の最後で紙が終わって次の紙を継いでいますが、予楽院本もそれと同じ場所で次の頁に行っています。スペース的には余裕があったので、それほど詰め

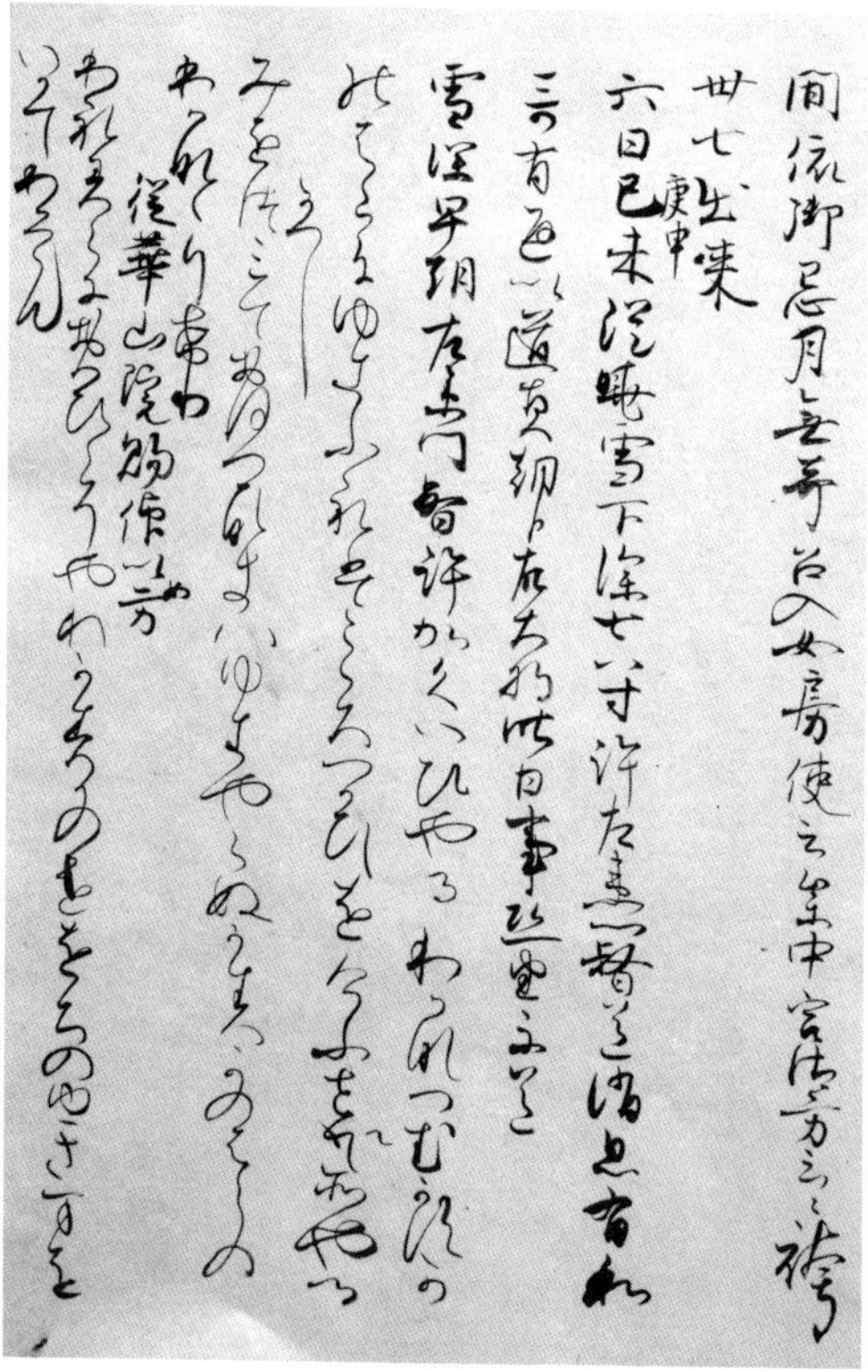

1-3-1.『御堂関白記』寛弘元年二月六日条（予楽院本．陽明文庫蔵）

られてはいませんが、こうした細かい部分に注目すると、いかに家煕が完璧主義者だったかがよくわかります。

自筆本と古写本の仮名の違いに注目してみるのも面白いでしょう。古写本は自筆本が書かれた二世代後の十一世紀末に写されたものなので、仮名の使い方も時代の流れとともに微妙に違います。些末な違いと感じるかもしれませんが、古写本ですら現在残っている『源氏物語《げんじものがたり》』の写本よりもはるかに古いので、それと二世代前の自筆本を比べてみることは、国語学では非常に意味のあることなのです。

『御堂関白記』を読んでいると、中身だけでなく書き方、写し方、消し方や直し方に至るまで、様々な発見があります。現物が残っているからこんな発見があるのです。写本しか現存しない『小右記』や他の日記では、こういう読み方はできません。自筆本の『御堂関白記』はまさにメモリー・オブ・ザ・ワールド、数ある世界の史料のなかでも飛び抜けた価値があることがわかります。

第四章　女《むすめ》の懐妊祈願に決死の参詣

懐妊祈願のための金峯山詣

この章では、寛弘《かんこう》四年（一〇〇七）八月に藤原道長《みちなが》が行なった「金峯山詣《きんぶせんもうで》」について書かれた記事を中心に読み解いていきます。金峯山は吉野《よしの》の奥にある霊山で、道長は長徳《ちょうとく》四年（九九八）と寛弘八年（一〇一一）にもここに参ろうとしています。当時、貴族のあいだで金峯山に出世を祈願するのはよくある話で、藤原行成《ゆきなり》の日記『権記《ごんき》』にも金峯山の夢を見たという記事があり、藤原実資《さねすけ》も金峯山から何か届いた夢を見たと『小右記《しょうゆうき》』に書いています。道長も日記には書いてはいませんが、自分の出世を金峯山に祈願したのでしょう。それが叶って政権の座に就くことができたので、長徳四年にお礼参りに行く計画を立てたものの、事情があって断念しました。おそらくあまりに忙しくなったためでしょう。それから九年後、ついに念願の金峯山詣を決行します。このときは女《むすめ》の彰子《しょうし》の懐妊《かいにん》祈願が目的だったと思われます。

当時の道長にとっては、彰子に子供ができないことが一番の悩みでした。彰子を一条《いちじょう》天皇の後宮《こうきゅう》に入れて無理矢理に中宮《ちゅうぐう》にしたものの、彰子はまだ肉体的に未成熟で、なかなか子供ができなかったのです。

　定子《ていし》がいたころは、一条天皇は定子と仲睦《なかむつ》まじく暮らしていたのですが、定子は念願の皇子（敦康《あつやす》親王）を産んだものの、翌長保《ちょうほう》二年（一〇〇〇）に亡くなってしまいます。本当なら彰子がその後釜に入るはずですが、まだ子供だったため、一条天皇は右大臣《うだいじん》藤原顕光《あきみつ》の女である女御《にょうご》の元子《がんし》を寵愛します。もしも元子とのあいだに皇子が生まれたら、次の政権は顕光にとって代わられる可能性があります。道長はこうした状況にかなり焦りを感じていたようで、元子が内裏《だいり》に入ろうとするのを邪魔したりしています。

　また、イライラした道長は「早く子供を作れ」と一条天皇や彰子をせっついたりもしていたようです（今ならドメスティック・マタニティー・ハラスメントでしょう）。いてもたってもいられなくなった道長は、ついに寛弘四年、女の懐妊を祈願するための金峯山詣を決行したというわけです。

　このとき、彰子は数えでちょうど二十歳。平安《へいあん》時代中期の后妃《こうひ》の平均初妊年齢が二十歳なので、そろそろ懐妊しても良い頃だと考えて決行したのでしょう。詣でた甲斐あってか、彰子は十二月に懐妊し、翌寛弘五年（一〇〇八）の九月にめでたく第一子を出産します。

　道長は定子が亡くなった後は、敦康親王を彰子に引き取らせて、彼女の子供として育てさせていましたが、彰子が懐妊できそうだとわかるやいなや、敦康の後見をやめてしまいます。まだ子供ができるかわからないし、懐妊しても皇子が生まれるかどうかはわかりません。なのに敦康を見捨ててしまったのです。このスピード感というか、早とちりなところが、いかにも道長らしいですね。そして危ない賭けに出ながらも、彼は自分の望む目を出し続けてしまうのです。

旅の行程から見える本気度

では、道長がどのように金峯山に詣でたのかを見ていきましょう。まず金峯山に詣でることを決めた道長は準備を始めます。経を写して、閏五月から御嶽精進《みたけしょうじ》という百日間の長斎《ちょうさい》に入ります。長斎とは魚食を断ち、一日一食の精進を続けることです。さらに道長は、予行演習として笠置寺《かさぎでら》などあちこちのお寺や神社を回ります。

そして八月二日に都を出発し、金峯山へと向かいます。道長の邸第《ていだい》は東京極に面しており、少し東に行けばすぐ鴨川《かも》がありますから、舟に乗って鴨川～木津《きつ》川というルートを使えば奈良《なら》の木津あたりまで行くことが可能です。あるいは難波《なにわ》まで行って大和《やまと》川を遡《さかのぼ》れば、かなり近くまで行けます。しかし道長は平易なルートを選ばず、わざわざ朱雀《すざく》門（大内裏の正門）まで行き、そこでお祓《はら》いをしてから、朱雀大路をまっすぐ南に行っています。

かなり気合いを入れて正式なルートを生真面目に通っているわけです。

また旅の途中、奈良の大安寺《だいあんじ》に泊まるのですが、『御堂関白記《みどうかんぱくき》』に書かれたこのときのエピソードを見ても道長の本気度がうかがえます。大安寺は日本古代国家が作った最初の国立寺院で、非常に格の高い寺院です。大安寺の僧は道長が泊まるというので大歓迎で準備を整えていたのですが、それを見た道長は「自分は金峯山詣に行くのが目的なのに、こんなところに泊まれるか！」と怒って門の脇で寝たという記事が『御堂関白記』に残っています。

その後、道長の一行は順調に吉野の麓《ふもと》に到着しますが、そこからが大変でした。数日前から雨が降り続いていたのです。雨が止むのを待ってゆっくり登ればいいではないか、と普通は思いますが、じつはそうもいかない状況に追い込まれていました。なぜなら、奉納するために持参した経筒《きょうづつ》に「寛弘四年八月十一日」という日付の入った銘文を彫ってしまっていたからです。紙に書いたものであれば、十一の「一」に横棒を一画足して十二や、二画足して十三に修正することもできるでしょう。しかし金銅製の筒に彫ってしまったので、修正がききません。十一日にはなんとしてでも頂上にたどり着かなければならなくなったのです。

のんびりしていたのが災いして、最後の一日、二日はとりわけ大変だっただろうと推測されます。おそらく現在の金峯神社あたりから尾根を縦走するルートを選んだはずですが、そこまで行くと馬は使えないし、当然ながら輿《こし》も使えないので、道長も自分の足で歩くしかありません。金峯山には途中、最大の難所である鐘掛岩《かねかけいわ》という岩がそびえています。鎖があちこちにいくつも垂れ下がっていて、その鎖を伝って登るのです。何本も鎖があって一つの鎖を登り切ると、次の鎖にヨイショと移るわけですが、雨が降っているときにはとくに危険で辛い行程です。私が初めて金峯山に登ったのは道長と同じ年齢の同じ日にでしたが、道長と同じく雨が降っていたので、すごく怖かったのを覚えています。

大変なのは道長だけではありません。僧や、米や布など荷物を運ぶ人足を大勢ひきつれていました。なかには年取った僧も何人かいて、そのなかの一人の覚運《かくうん》は帰京した直後の十月に五十五歳で亡くなっています。

それでも道長一行は、必死の思いでなんとか山を登りきり、予定通り八月十一日に頂上に到達しました。山頂には山上本堂《さんじょうほんどう》という大きな建物が立っていますが、険しい山道のなかで、どうやって本堂を建てるための建築資材を運んだのでしょうか。今ならヘリコプターで運べますが、当時はおそらく瓦の一枚一枚、柱の一本一本を人力で運び上げるしかなかったはずです。昔の人たちの苦労を思うと感動せずにはいられません。

山頂には湧出岩《ゆうしゅつがん》という岩があって、ここから本尊《ほんぞん》の蔵王権現《ざおうごんげん》が湧出したと伝えられています。道長はこの岩の前に経を入れた経筒を埋めて、卒塔婆《そとば》を立てました。経を山の上に埋めたというのは、史料で確認できる限り、このときが初めてです。経を入れた金銅製の経筒を土に埋め、卒塔婆を立てる――という祈願方法は、それ以降、ものすごく流行します。全国各地に経ヶ峯《きようがみね》という名前の山が数多くあるのも、もとはといえば道長に由来しているのです。

道長が経筒を埋めた正確な場所は長らくわからなかったのですが、数年前に発掘調査が行なわれ、おおよその場所が明らかになりました。今、行ってみると、あたりには大量の土器《かわらけ》が散乱していますが、土器の片側は黒くすすけています。おそらく油を入れて灯明皿として使われていたものなのでしょう。

何を奉納したのか

八月の『御堂関白記』には、数日間にわたって金峯山詣の様子が詳しく書かれていますが、そのなかから八月十一日の記事をピックアップして読んでみます。この日は、道長にしてはかなり長い記事を書いています。表に四行書いた後に、具注暦《ぐちゆうれき》を裏返して裏にもかなりたくさん書いています。こんなに長く書くことは、道長としては非常に珍しいのです。

以前もお話ししましたが、『御堂関白記』はメモ（懐紙《かいし》や笏紙《しゃくし》、短紙《たんし》など）を基にして書いたものではありません。『小右記』や『権記』は、儀式のときのメモや、人から来た手紙などを貼り継いでいる可能性が高いのですが、『御堂関白記』にはそうした形跡は一ケ所もありません。おそらく自分の記憶だけを頼りに書いているのです。

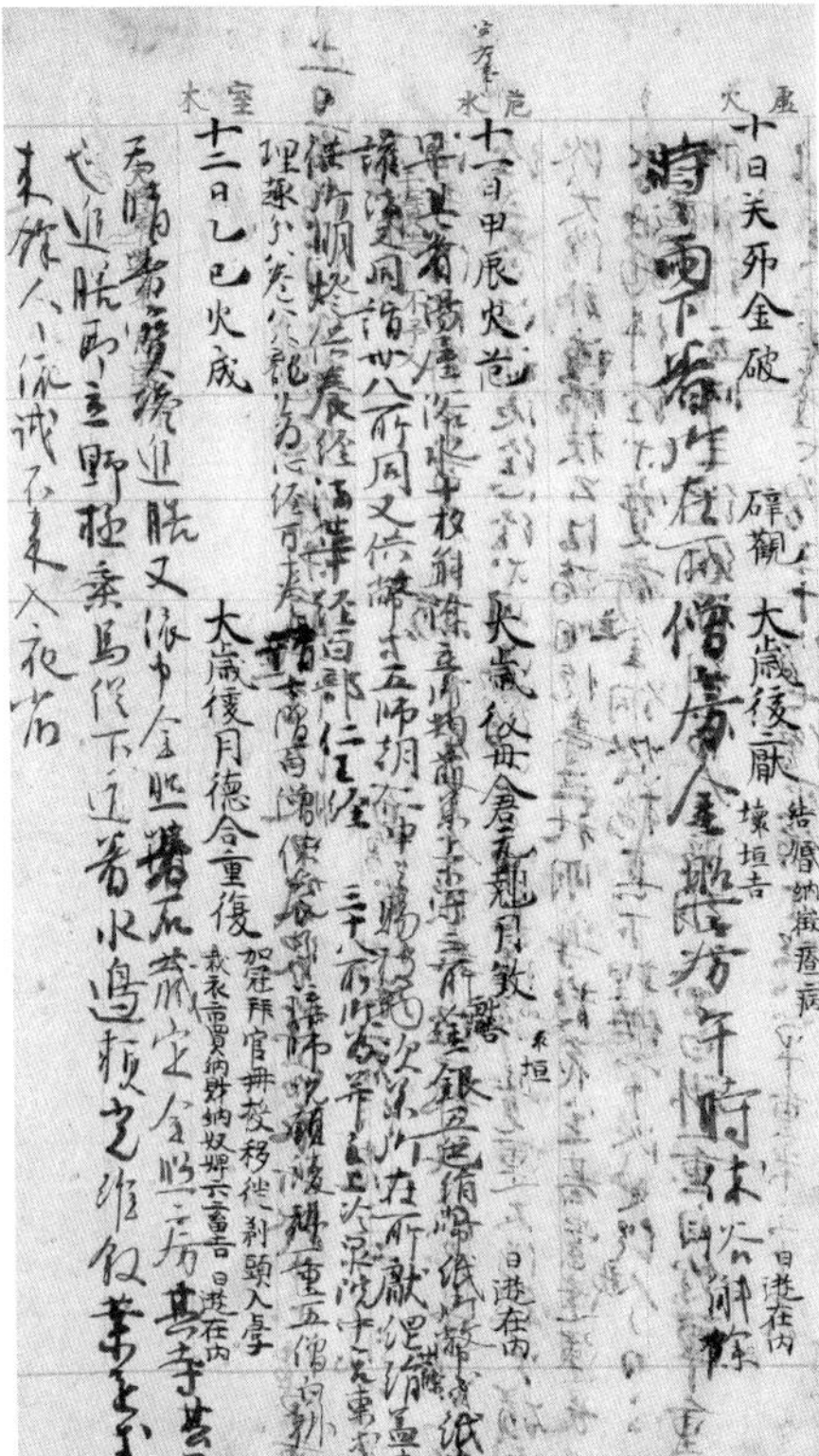

1-4-1.『御堂関白記』寛弘四年八月十日条―十二日条表（自筆本. 陽明文庫蔵）

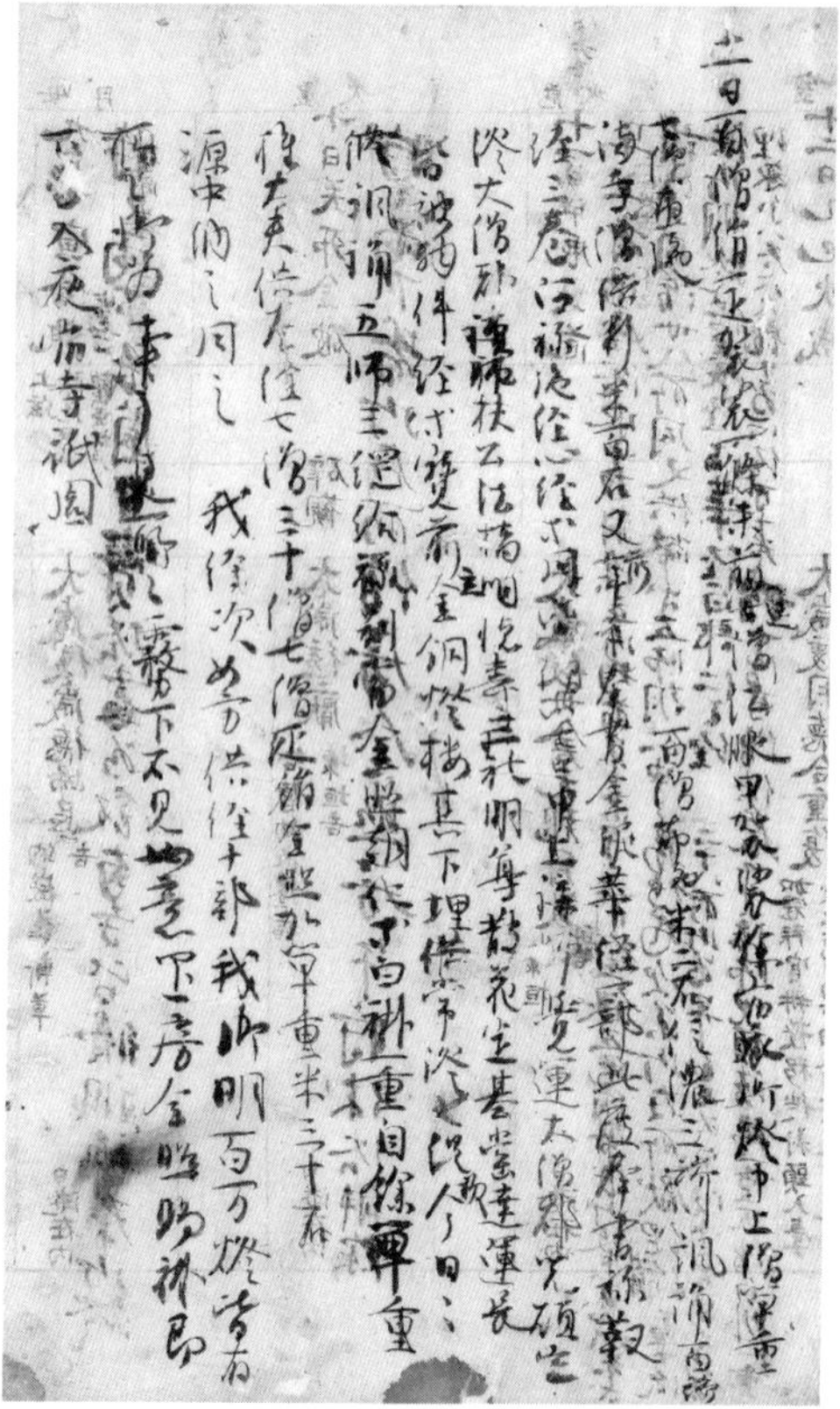

1-4-2.『御堂関白記』寛弘四年八月十一日条裏(自筆本. 陽明文庫蔵)

ただし、金峯山詣について書かれた八月の記事に関しては、現地で旅日記のようなメモを書いて、都に帰ってきてからまとめた可能性も考えられます。とはいえ、現物の具注暦をわざわざ金峯山まで持っていって、現地で書いた可能性も捨てきれません。というのは、自筆本の下のところに半円状の染みがずっとついているからです。染みは八月九日のところが最も大きく、左右に行くほど小さくなっています。

具注暦は巻物ですから、雨水などに濡れて一ケ所に染みがつくと左右に広がっていきます。現地にたどりついたときに雨が降っていたことからすると、そのときの雨の染みと考えることもできるのです。いずれにせよ、これだけ何日にもわたる長い記事を、帰京してから記憶だけで書くことはまずあり得ないので、現地で毎日書いていたと思っていいはずです。

十一日の記事には「十一日、甲辰《きのえたつ》。早旦、湯屋《ゆや》に着す。水十杪《せき》を浴《あ》む」とあります。湯屋に行って水を十回浴びたと書かれています。当時はまだ湯船にお湯を張って浸かるという入浴習慣はなく、お湯を上から浴びるか、あるいはミストサウナのように部屋のなかを蒸気で満たしてそのなかで汗をかくかのどちらかだったようです。この場合は湯を浴びたということです。

「解除《げじょ》し、お祓いをして、御前のものを立てた」と書いた後に、「小守三所《こもりさんしょ》に参上す」とあります。「小守三所」というのは当時、どういう信仰対象だったかはよくわからないのですが、後にこれは、「小守→子守→子供を身ごもる」という信仰になって、現在は子供を授かりたい人が祈願に行く場所となっています。そこに参上したということです。

「金銀・五色の絹の幣《みてぐら》・紙の御幣・紙・米を献ず」。ここには道長が献上したものが挙げられています。「三十八所に詣づ。同じく又、幣などを供す」。三十八所にも詣でて、同じように献上したようです。

続けて「五師朝仁《ちょうじん》、之を申す」とあります。ここは朝仁という僧にどういう事情で献上したかを申上させたということを言っています。朝仁には被物《かずけもの》（衣服）も下賜《かし》していま す。「次いで御在所《ございしょ》に参る」。御在所とは蔵王権現が祀られている場所。つまり先ほど述べた、頂上にある湧出岩に行ったということです。そして「綱二十条《すじ》・細蓋《ほそきぬがさ》十流《りゅう》」を献上します。さらに「御明燈（燈明《とうみょう》）を供し、経を供養す」と続きます。ここに書かれている御明燈が、現地で発掘された、すすが付いた「土器」だと思われます。

続けて奉納した経について書かれています。「法華経《ほけきょう》百部、仁王経《にんのうきょう》□」。仁王経の後は一文字分ほど空白になっていますが、おそらくこれは何部奉納したか忘れてしまったということなのでしょう。こうした部分からも、道長はメモをせずに、記憶を基に書いていることがわかります。この記事の場合は一日分の記憶ですが。

そこから後は、経を誰のために献上したのかが述べられています。「三十八所の神々。ならびに主上《しゅじょう》」とありますが「主上」というのは一条天皇のことです。続けて「冷泉院《れいぜい》」。冷泉院というのは一条天皇の三代前の天皇です。冷泉天皇は位を下りたものの、当時まだ存命していました。続けて「中宮」。これが女の彰子です。そして「東宮《とうぐう》」。これは居貞《おきさだ》親王、後の三条《さんじょう》天皇を指しています。なぜか花山《かざん》院の名はないのですが、これは花山院が出家しているためだと思います。

　道長は「理趣分《りしゅぶん》八巻」も奉納したようです。理趣分というお経は、性欲を解放する経典です。ということは、これは一条天皇と彰子に子供ができるようにとの願いを込めて写した経なのかもしれません。

　その後には、「八大竜王《はちだいりゅうおう》のために般若心経《はんにゃしんぎょう》を百十巻、七僧・凡僧《ぼんそう》を招請して供養した」と書かれていて、たくさんの僧に頂上で経を読ませたことがわかります。「講師《こうじ》・呪願《じゅがん》の僧に、綾の掛《うちき》一重《かさね》、五僧に白き掛一重」。経を読んでもらったお礼に講師と呪願の僧に高価な衣をプレゼントします。ここまでが表です。

国家行事としての参詣

　続けて裏書《うらがき》です。裏書には、僧たちに何を贈ったのかが詳しく書かれています。

　まずは「凡僧に絹一疋《ひき》・袈裟《けさ》一条」を下賜したとあります。凡僧とは役職のない僧のことです。七僧には「経供養が始まる前に法服《ほうふく》と甲袈裟《こうげさ》を贈った」とあります。他の僧には宿直《とのい》装束《しょうぞく》を贈っています。宿直装束とは夜寝るときの服のことです。

さらに「御燈明を申上した僧に単重《ひとえがさね》を下賜した」と続きます。贅沢な衣服をもらった僧たちはさぞや喜んだことでしょう。ましてや時の最高権力者からの贈り物ですから、子々孫々に伝えていこうと思ったのではないでしょうか。残っていたら国宝級ですが、残念ながら一つも残っていません。

次に布施《ふせ》としてあげたものが書かれているのですが、ここにも一ケ所あいまいな記述が見つかります。「七僧への布施は……」という箇所に七〜八文字分の空白が見られるのです。おそらくここでも道長は何を贈ったのか忘れてしまったのでしょう。しかし七、八文字分空白にしてあるということは、かなりのものをあげたと想像できます（絹や布だったら二、三文字空けておけばいいわけですから）。多くのスペースを空けてあるということは、もっといろいろな物をあげたのだと思います。

「凡僧への布施は、米二石と信濃布《しなののぬの》三端。諷誦《ふじゅ》のために百端を納めた。寺中の僧供料《そうぐりょう》として米百石を下賜した」。まさに大盤振る舞いですね。しかし、これだけのものを贈ったということは、それらを持って山道を登った人がいることを意味します。当時は今よりも登山道が整備されていなかったので、運んだ人たちは本当に大変だっただろうと想像します。

この日の裏書には、どんな経を奉納したのかについても詳しく書かれています。まずは

「自ら書き奉った金泥《こんでい》法華経一部を奉納した」。金泥法華経というのは金を混ぜた金色の墨で書いた美しい経です。平泉《ひらいずみ》の中尊寺《ちゅうそんじ》などにも同様の経が残っています。

他にも「弥勒経《みろくきょう》三巻、阿弥陀経《あみだきょう》、般若心経」を連れてきた僧たちに読経させて奉納していますが、僧の顔ぶれたるや、驚くほど豪華です。「同行の僧七口《く》に申上させた。講師は覚運大僧都《だいそうず》。呪願師は定澄《じょうちょう》大僧都。読師《とくし》は扶公法橋《ふこうほっきょう》。唄師《ばいし》は懐寿《かいじゅ》。三礼《さんらい》は明尊《みょうそん》。散花《さんげ》は定基《じょうき》。堂達《どうたつ》は運長《うんちょう》」と同行した僧たちの名前が挙げられています。これを見ると、延暦寺《えんりゃくじ》、興福寺《こうふくじ》、東寺《とうじ》など、様々な寺院の僧が参加しています。一つの宗派ではなく、顕密《けんみつ》両方の僧が同行していたのです。しかも地位の高い高僧ばかり。これは道長の金峯山詣が国家行事でもあったという証しです。

さらに裏書は続きます。「皆に被物を下賜した。この御経は蔵王権現の御在所に金銅の燈楼《とうろう》を立て、その下に埋め、常燈《じょうとう》を供すのである」。湧出岩の前に金銅製の燈楼を立て、その下に経を埋めて、絶やすことのない火をずっと灯し続けたと書かれています。そして再び、誰に何をあげたかが詳しく述べられています。

「今日、諷誦を修した。五師・三綱《さんごう》に禄《ろく》を下賜した」「朝仁に白い褂一重。他に単重。春《とう》宮権大夫《ぐうごんのだいぶ》（藤原頼通《よりみち》）も経供養した」「七僧に疋絹《ひっけん》を下賜した。金照《こんしょう》には単重と米三十石」。金照とは現地の責任者（別当《べっとう》）の僧のことで、道長はこの僧に深く帰依《きえ》していました。

また、興味深いところでは、「私の経のついでに女方《にょうぼう》の経十部も供養した」とも書かれています。金峯山は今でも女人禁制のため、道長の妻である源倫子《りんし》は同行できませんが、倫子が写した経は持っていったようです。ちなみにもう一人の室である源明子《めいし》の兄にあたる俊賢《としかた》もこの旅に同行しています。俊賢は道長の行くところはどこにでも付いていく人で、こういう苦労する場所へも一緒に行っています。もしかしたら明子が写した経も持っていったかもしれませんが、倫子が読むかもしれない『御堂関白記』には書いていません。

裏書には、経供養が終わった後のことも書かれています。「私が供養した御燈明の百万燈はみな所々のためである。金照の房に帰った。経供養が終わって所々を見てみると、霧が下りて思ったように見えなかった。金照に掛を下賜《かし》して、すぐに下向した。夜に入って、寺祇園《てらぎおん》に宿した」。この記事を見ると、道長たちは供養を終えると別当金照に挨拶して、その日のうちに山を下ったことがわかります。これは当時としてはすごいスピードです。現在、私たちが吉野から登ったとすると、日が暮れる頃にやっと着いて上の宿坊に泊まり、翌日お参りして帰るのが普通です。あるいは麓の洞川《どろがわ》温泉から一気に登る。そのほうが時間は短いのですが、すごく急な坂になります。いずれにしても、道長たちは驚くべき速さで下山しています。

道長、疲労困憊す

なお、このときに埋納された経は、元禄《げんろく》四年（一六九一）に山上《さんじょう》ヶ岳《がたけ》から出土した金銅経筒のなかから発見されました。道長が奉納した経だとすぐに判明し、経は再度埋められたのですが、このときの入れ方がまずかったらしく、現在、経は水が漬《つ》いて傷んでしまっています。この経筒は近代になって再び掘り出され、その大部分は京都国立博物館に収蔵されています。その他、東京の五島《ごとう》美術館などにも一部収蔵されています。

これを見ると、経筒の銘文や経の字は道長の自筆とされていますが、意外にも非常にきれいな字で書かれています。道長は字が下手だったと言われ、『御堂関白記』に書かれた文字はお世辞にもきれいとは言えません。おそらく道長は後に清書などする気はさらさらなく、自分が後で見るため、あるいは頼通に見せるために書いていたのでしょう。

せっかくなので金峯山から京に戻った後のことにも触れておきます。道長は十四日に都に帰っていますが、そこから後はしばらく日記を書いていません。金峯山への旅の最中はあんなに日記を書いていたのに、急に書かなくなったのです。おそらく、疲れたのだろうと思います。このとき道長は四十二歳。当時は平均寿命が今とは比べものにならないくらい短かったため、四十歳といえば立派な老人です。麓からは馬に乗ったのでしょうが、ご老体にはかなりきつい旅だったはずです。ちなみに、私も四十二歳の年の同じ日に金峯山に登ったのですが、東京から夜行バスで行き、日帰りで登山・下山して翌日に陽明文庫に『御堂関白記』の調査に行きました。

それはさておき、真剣な祈願が功を奏したのか、その年の十二月頃、彰子は懐妊しました。そして道長は皇子が生まれることを期待して待ちます。当時、密教《みっきょう》に変成男子法《へんじようなんしほう》というお腹のなかの子供を男子に変える秘法があったそうですが、道長はそんなこともやっていたはずです。秘法が効いたかどうかは知りませんが、結果的には敦成《あつひら》親王（後の後《ご》一条《いちじょう》天皇）が翌年の九月に生まれることとなりました。

第五章　権力を恐れない者・伊周

「寛弘の佳例」

この章では、藤原道長《みちなが》にとって最も喜ばしい年となった寛弘《かんこう》五年（一〇〇八）の『御堂関白記《みどうかんぱくき》』を読み解きます。この年の九月十一日に中宮彰子《ちゅうぐうしょうし》は敦成《あつひら》親王（後の後一条《ごいちじょう》天皇）を出産します。政権を握っても一代で終わってしまう権力者はたくさんいます。権力の座を代々継承するためには、女《むすめ》を天皇の后にして皇子を産ませ、それが東宮《とうぐう》（皇太子）となり、天皇となり、さらにその天皇に自分の女や孫女を入内《じゅだい》させて――と、延々と繰り返していく必要があるのです。そういう意味では、道長家の権力が後々まで続くことになる最初のきっかけ、権力の元の元を作ったのが、寛弘五年の彰子の出産だったといっていいでしょう。

しかし、実際に道長の家系が権力を握ったのはほんの一時期で、長くは続きませんでした。後一条天皇の中宮とした四女の威子《いし》は皇子を産まなかったため、後一条天皇の同母弟である敦良《あつなが》親王が次の後朱雀《ごすざく》天皇となります。道長の子の藤原頼通《よりみち》と教通《のりみち》がそこに二人ずつ女や養女を入内させるのですが、結局は彼女たちも皇子を産むことはありませんでした。その次の後冷泉《ごれいぜい》天皇（後朱雀と道長六女の嬉子《きし》との間の子）からも皇子は育ちませんでした。これによって長く続いた藤原氏の摂関《せっかん》政治は、あっけなく終焉を迎えます。つまり、摂関政治は道長で最盛期を迎え、それが頼通に受け継がれたものの、頼通の次には終わってしまったのです。様々な偶然が重ならなければ、権力は次代まで持ち越せないものなのです。

貴族社会が繁栄のピークを迎えた寛弘五年の様々な儀式を、後の貴族は「寛弘の佳例《かれい》」と呼ぶようになりますが、この言葉は道長の時代が終わった後に生まれたものです。すでに結果が見えていて摂関政治の終わりを皆が知っているので、「ああ、あのときは良かったな」と懐かしんで「寛弘の佳例」と言ったのです。確かに寛弘の頃は天皇と道長家の関係は非常に密接で、華やかな儀式が行なわれることも多かったのです。例えば彰子が皇子を産んだ際は、それを見に一条《いちじょう》天皇は彰子の実家である土御門第《つちみかどてい》に足を運んでいます。天皇が臣下の家に行幸《ぎょうこう》（天皇が内裏《だいり》の外に出て移動すること）し、生まれた皇子を見に行くというのは、このときが初例です。

敦成親王が生まれた際には貴族社会全体が盛り上がり、多くの貴族がその様子を日記に綴りました。翌年に彰子は今の天皇家につながる敦良親王を産みますが、このときの様子を書いた日記はそれほど多くはないのです。天皇家のお産の記事だけを集めた『御産部類《ごさんぶるい》記《き》』にも、敦成親王を出産したときの日記は多く収められていますが、敦良親王のものは少ししかありません。やはり最初の皇子は特別で、弟になると少し熱が下がるのかもしれません。

敦成親王の誕生を記録した日記のなかには、仮名で記された日記もあります。それが『紫式部日記《むらさきしきぶにっき》』です。誤解されている人が多いようですが、『紫式部日記』は単なる日記ではなく、道長が書かせた御産日記です。なぜ道長は紫式部にそれを書かせたのでしょうか。ひとことで言えば、女性ならではの視点と表現で彰子の出産を記録してほしかったからです。

多くの貴族が敦成親王の誕生に際しての日記を書いたと先ほど述べましたが、書き手はすべて男性です。男性の場合は立ち入れる場所が限られています。また、男性は漢文で日記を書くため、微妙なニュアンスを表現できません。さらに女性（産婦である彰子など）の気持ちもわかりません。道長はそれを察知していたのでしょう。このままでは儀式を詳しく記しただけの表面的な日記ばかりになってしまう、より内面まで入り込んだ内容を書いてほしいと考えて、紫式部にそれを命じたのだと思います。

百日の儀での伊周の問題行動

では寛弘五年、敦成親王の誕生に際してどんな儀式が行なわれたのかを見ていきます。

彰子が九月十一日に皇子を出産すると、まずは出産後の三日目、五日目、七日目、九日目に「産養《うぶやしない》」という、新生児に対する饗応《きょうおう》と、人生の門出に際して悪鬼を祓《はら》い、将来の多幸と産婦の無病息災を祈念する儀式を行ないます。その後、一条天皇が土御門第に行幸して彰子や皇子と対面する儀式へと続き、五十日目に「五十日《いか》の儀」、百日目に「百日《ももか》の儀」が行なわれます。こうした華やかな儀式の様子が、貴族たちの日記や『紫式部日記』に詳しく書かれています。

そうした日記のなかから、ここでは藤原実資《さねすけ》が書いた『小右記《しょうゆうき》』十二月二十日の記事を読んでみたいと思います。

十二月二十日には「百日の儀」が開催されました。百日の儀とは百日間無事に生きたことを祝う大宴会です。『小右記』には「盃酌《はいしゃく》がしきりに巡り、すでに酩酊《めいてい》に及んだ」と書かれています。当時のお酒はアルコール度数が低かったので、皆かなりの量を飲んだのでしょう。当時の貴族が飲んでいたお酒は、ビールくらいのアルコール度数だと言われています。度数の高いお酒を飲むと少量でカーッと酔ってすぐに醒《さ》めるものですが、度数の低い酒をたくさん飲むと、なかなか酔わないけれども醒《さ》めるのも遅くなりがちです。だから皆、気づいたときは酩酊に及んでいたのでしょうね。

そんな状態のなかで、藤原公任《きんとう》が「これから歌を詠みましょう」と皆を誘います。さらにせっかくのお祝いの席だから歌を記録して残そうということになり、道長は能書《のうしょ》（文字を書くのが上手な人）として有名な藤原行成《ゆきなり》に命じてそれを記録させます。

行成はまず、歌がどういう経緯で詠まれたかを説明する「序題《じょだい》」を書こうとします。ところがそこに藤原伊周《これちか》がやってきて、行成から筆を取り上げ、自分で作った序題を書き始めます。伊周は長徳《ちょうとく》二年（九九六）に事件（花山《かざん》院の従者と弟の隆家《たかいえ》の従者が闘乱した事件）を起こして大宰府《だざいふ》に流されたものの、翌年に赦《ゆる》されて都に帰ってきていました。

罪を赦されたのは、大宰府で死なれると怨霊《おんりよう》になるのではと摂関家《せっかんけ》が恐れたからです。菅原道真《みちざね》を大宰府で死なせてしまったことで道真は怨霊となり、藤原時平《ときひら》や醍醐《だいご》天皇が「呪い殺されてしまった」と言われた話は有名ですね。道真は雷になって落ちてくるのです。当時、雷が電気だという知識はないので、魔物を退散させるためには光るものを振り回すのがいいと、雷が鳴ると軒先へ出て刀を振り回していました。避雷針を持って振り回しているようなものですから、当然、そこに雷が落ちます。それで何人も死ぬという事件が起こったのです。

以降、大宰府で死なせるのはまずいという風潮が生まれ、罪人であっても政治力だけ奪

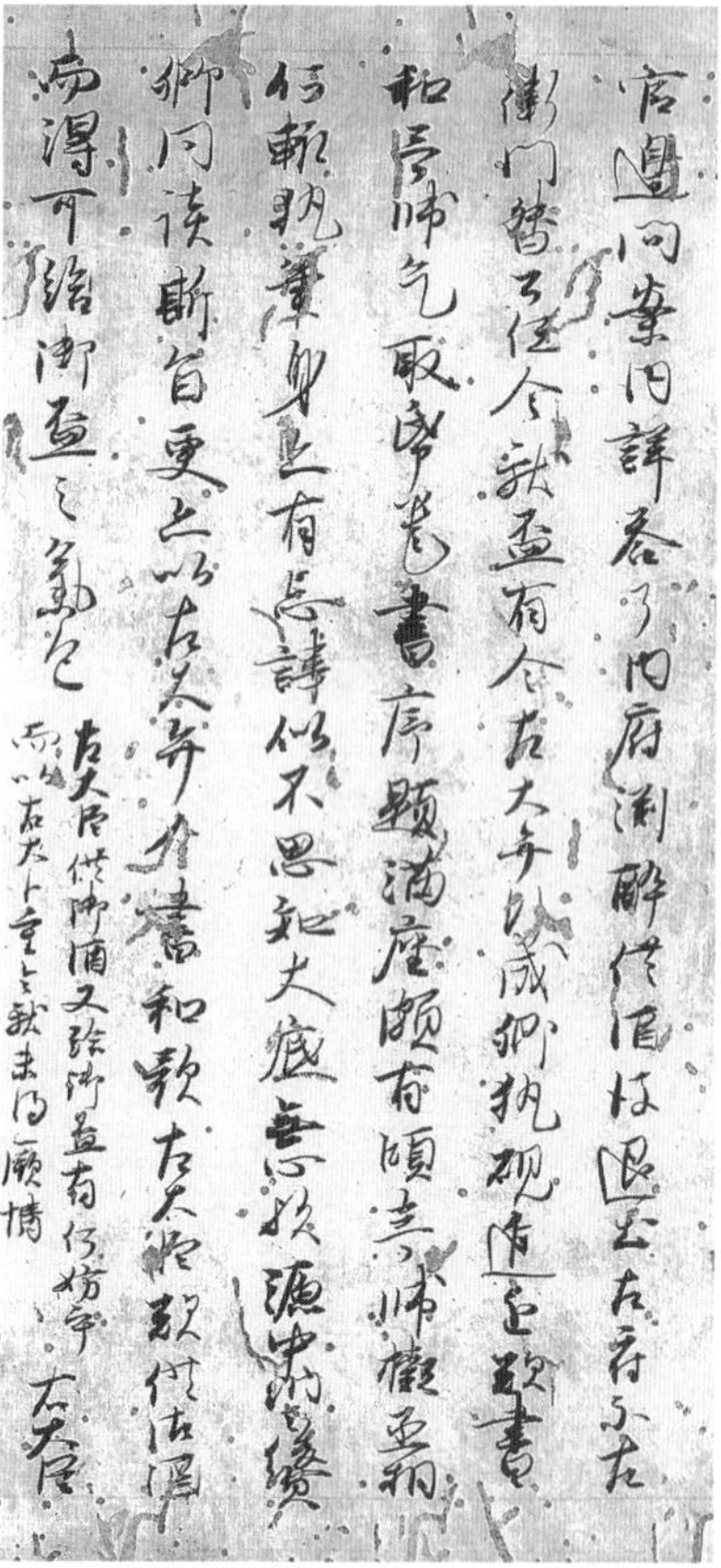

1-5-1.『小右記』寛弘五年十二月二十日条（九条本〈略本〉. 宮内庁書陵部蔵）

って天寿を全うさせるようになります。安和《あんな》の変で大宰府に流された源高明《たかあきら》などもすぐに戻されています。伊周の場合も同じように、翌年にすぐ戻されたのです。伊周とともに事件を起こした藤原隆家も、一度は出雲《いずも》に流されたものの、すぐに戻されています。

しかも一条天皇は伊周と隆家を重用していたため、なんとか政治にも復帰させたいと、隆家を権中納言《ごんちゅうなごん》に任じます。伊周も同様に大臣の下、大納言《だいなごん》の上という席次を与えられ、太政官《だいじょうかん》の会議にも出席できる公卿《くぎょう》として政治力を持つようになりました。

ところが百日の儀に参加した貴族のなかには、やはり伊周を快く思わない人が多かったようで、実資は「こんなめでたい席にどうしてこいつが来るんだ」と非難めいた言葉を『小右記』に書き付けています。こういう人は出席しても大人しくしていればいいのですが、それができないところが伊周なのです。彼は「自分は賢い」という意識を過剰に持っていて、行成より自分が序題を書いたほうが皆が喜ぶだろうと本気で思っていたようです。だから行成から筆を取り上げたわけです。この行為だけでも問題ですが、じつはこのときに伊周が書いた序題の内容がさらに問題でした。

まず、伊周は敦成のことを「第二皇子」と書いています。「皆はもう忘れているだろうが、敦康《あつやす》親王が第一皇子で、敦成は二番目だ」と言っているのです。定子《ていし》は伊周の妹にあたるので、「敦成には俺の妹が産んだ兄の敦康がいるのだぞ」ということをアピールしたかったのでしょう。

続けて序題には「隆周《りゅうしゅう》の昭王《しょうおう》・穆王《ぼくおう》、暦数長し。わが君また暦数長し」と書かれています。昭王・穆王とは中国の伝説上の王で、寿命が長かったことで知られています。そして「我が一条天皇も寿命は長い」と書いています。一条天皇はこの三年後に亡くなってしまうのですが、このときはまだ元気でした。この文で問題なのは冒頭の「隆周」です。これは伊周の父親の道隆《みちたか》、あるいは弟の隆家の「隆」と伊周の「周」ともとれます。つまり、道隆を祖とする中関白家《なかのかんぱくけ》を意味しているのです。

その後に「本朝の延暦《えんりやく》・延喜《えんぎ》、胤子《いんし》多し。わが君もまた、胤子多し」と続きます。延暦とは桓武《かんむ》天皇、延喜は醍醐天皇のことで、ここでは「桓武に十六人の皇子と十九人の皇女、醍醐に十八人の皇子、十九人の皇女と、二人とも子供が多かったが、一条天皇も子供が多い」といっています。実際にはこの時点で一条天皇の子は、定子が産んだ皇女二人と敦康親王、そして彰子が産んだ敦成親王だけです。決して子沢山とはいえないのですが、ここは自分の妹である定子が三人も産んだ——という彼なりのアピールなのでしょう。

さらに「康なるかな帝道。誰か歓娯《かんご》せざらんや」と続きます。これは「帝《みかど》の道は永遠である。誰もがそれを喜ぶ」という意味ですが、「康なるかな」の「康」が問題です。これは敦康親王の「康」なのです。つまり伊周は、この一文のなかにも「本当は中関白家の血筋を継ぐ敦康という第一皇子がいるのだ」という主張を忍ばせているのです。

道長の前でこんな序題を書くのはかなりの勇気が必要だったろうと思われますが、伊周はそれを恐れずにやったのです。批判もあると思いますが、私はこういう伊周が大好きです。権力を恐れず自分の考えを堂々と主張する。ましてや祝いの場で、みんなが自分のことを怪しんでいるのがわかっているのに、あえてそれをやる。なかなかできないことです。

おそらくこれを知った貴族たちは今の言葉で言うと「引きまくった」と思います。「なんでこいつが来たんだ。なんてことを書くんだ。道長の機嫌が悪くなったら、せっかくの儀式が台無しになるじゃないか」と、皆思ったはずです。とくに行成や源俊賢《としかた》といった、道長の顔色をいつも窺っている面々は恐れたでしょう。一方の実資は、おそらくニヤニヤしながら、道長はどう対応するのだろうと冷静に観察していたと想像されます。ちなみに、このとき一条天皇は腹を立てるでもなく、逆に座を和らげよう、雰囲気を和ませようとしています。場を丸く収めようとして、道長をそばに呼んで杯《さかづき》を賜わっているのです。

伊周が書いた序題は、内容はともかくとして、評価に値する素晴らしい名文だったことは確かです。その証拠に、この序題は日本で作られた漢文のなかから秀逸なものを集めた平安時代中期の漢詩文集『本朝文粋《ほんちょうもんずい》』に収められています。

伊周の行動に道長はどう反応したか

では道長自身は、伊周の失礼きわまりない行動にどう反応したのでしょう。

このときのことを記録した『御堂関白記』には、腹が立ったとか怒ったといった感情的な記述は見られませんが、気になる箇所が二つほどあります。一つめは、裏書《うらがき》の「一条天皇が自分を呼んで杯を賜わった。おっしゃったことには」と書かれた箇所で、この日の記事を終えているのです。なぜか「仰せられて云はく」という中途半端なところで終わっていて、一条天皇が何を言ったのかが書かれていないのです。一条天皇は絶対に何か話したはずなのに、なぜ道長はそれを書かなかったのでしょう。

最も可能性があるのは、道長が一条天皇の言った言葉を忘れてしまい、後に思い出したら書こうと考えて、結局思い出さなかったという単純な理由です。道長にはよくあることなのです。一方で、書いたらまずいことを書こうとして、躊躇《ちゅうちょ》してやめた可能性もないとは言えません。ただ『権記《ごんき》』や『小右記』を見てみると、このとき一条天皇は「歌を詠もうか」と言ったようなので、おそらく道長は一条天皇の言ったことを忘れてしまっただけのようです。

もう一つ、気になる箇所があります。修正された跡が残る裏書の六行目です。この部分は元の字の上に新たな字が上書きされていますが、両方とも判読することができます。この行には元の文字の上に「七八人奉仕間」とあります。七、八人の人が歌を詠んだと書かれています。そして、その「七八人」の文字の下に何が書かれているのかを見てみると、どうやら「権中納言」と書かれています。さらに「奉仕」の「仕」の下には「雖《いえども》」という字が確認できます。「雖」は「〜とはいっても」という意味なので、もともとは「権中納言が〜したといっても」と書かれていたことがわかります。

権中納言とは伊周の弟の隆家のことです。この文の前には「人々相奇《あや》しむ」とあるので、繋げると「伊周がこんなことをやって人々が怪しんだ。弟の隆家が～したといっても、……」と書かれていたことになります。一度はそこまで書いて、道長は「これは書くべきではない」と思い直し、その上に「七八人奉仕」と上書きしたのです。道長は、隆家はいったい何をしたのでしょう。道長はなぜ書くのをやめたのでしょうか。そんなことをあれこれ想像

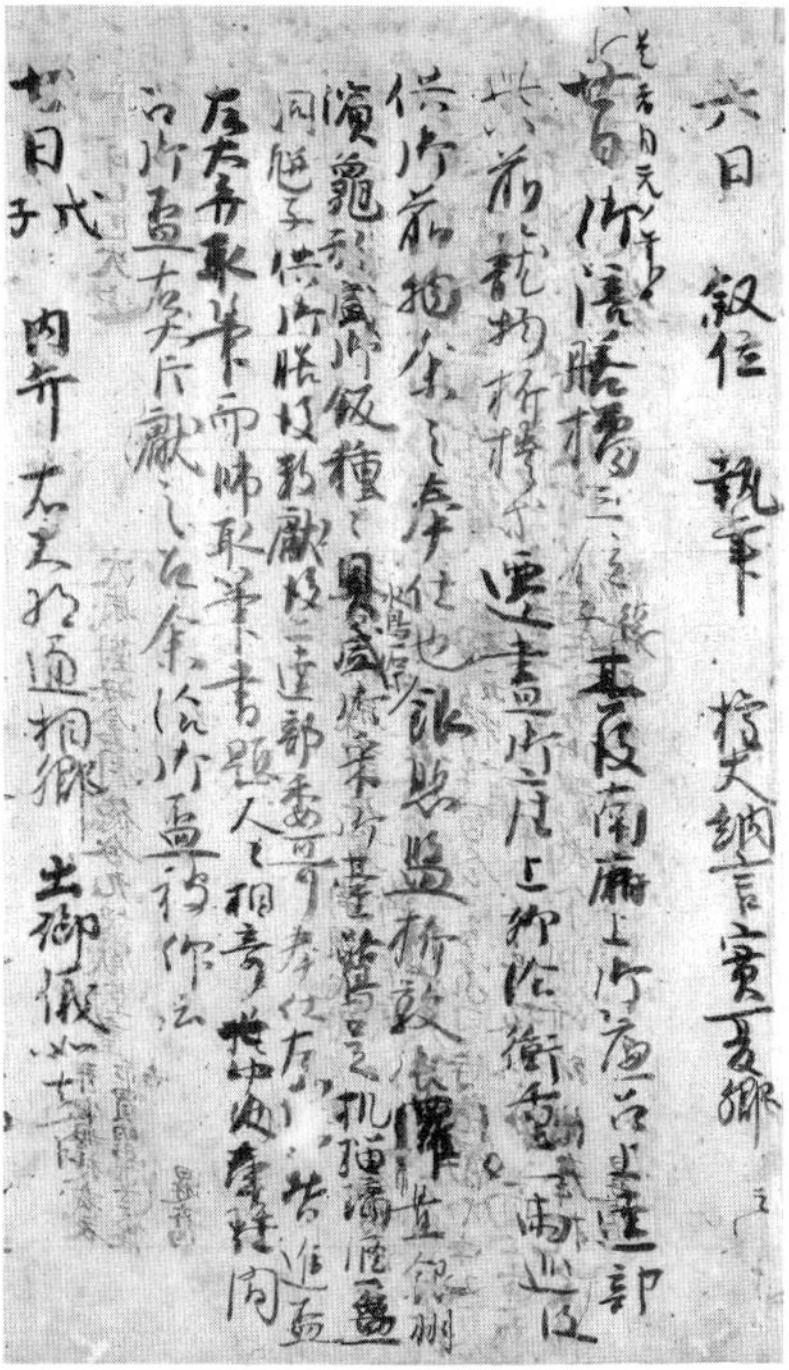
1-5-2.『御堂関白記』寛弘五年十二月二十日条裏（自筆本. 陽明文庫蔵）

しながら読むことができるのも、自筆本ならではの面白さです。

ちなみに寛弘五年の『御堂関白記』はこの十二月二十日の記事で終わっています。つまりこれが、摂関家が最も栄華を極めたといわれた寛弘五年の最後の記事なのです。

『御堂関白記』は折本にされていた

彰子の出産とは関係ない話ですが、じつは『御堂関白記』のこの日の記事には、他にも気になる点があります。十二月二十日の裏書は七行あるのですが、実物や複製を見ると、その右側と左側に違う内容が書かれています。日付のところには書き付けのようなものもあって、いずれも非常にきれいな字で書かれています。これは現在出版されている活字版の『大日本古記録 御堂関白記』には出ていません。『御堂関白記』の自筆本は写真版も『陽明叢書 御堂関白記』として出版されているのですが、そこにも出ていません。なぜかというと、ここに書かれているのは『御堂関白記』ではないからです。

私は勤務先で、一九三六年(昭和十一)に作られた『御堂関白記』自筆本の複製を買ってもらい、それを調査していたのですが、そこにはとんでもないものが書かれていました。

書き付けの部分を調べてみたところ、「是者自元ノ筆也」と書かれていることがわかります。「是者」の「者」というのは、当時の古記録《こきろく》でいうと、係助詞の「は」です。「自」

は格助詞で「より」と読みます。よって「是は元よりの筆なり」と解読できます。さらによく見ると、「これ」という字から「廿日」という日付の上に線が引いてあり、「ここから後が元からあった字だ」ということが示されています。

いったいこれは何なのでしょう。この部分は道長が書いたものではなく、後世、新たに書き加えられたもののようです。さらに驚くべきことに、寛弘五年の『御堂関白記』はいったん軸を外されて、折本《おりほん》にされたことがあったというのです。折本というのは巻物の軸を取って、アコーディオン状に折り畳んだもののことです。法事のときにお坊さんが読むお経を想像していただくとイメージしやすいでしょう。

『御堂関白記』では五つの巻が折本にされています。虫食いの跡を見ると、その巻物が過去に折本にされたかどうかがわかるのです。通常、巻物に虫が入ると奥へ奥へと向かって食い進むので、これを開くと虫が食った穴は等間隔に並んでいます。正確に言うと等間隔ではなく、徐々に間隔が狭くなっていきます。巻物の円周はなかへ行けば行くほど短くなるので、穴の間隔も狭くなっていくのです。そして穴の大きさも奥へ行けば行くほど小さくなって、最後は小さな点となります。

一方、折本にした場合は、折った状態で虫が食うため、開くと折り目を境にして左右対称に穴が並びます。また折本になったものは、よく見ると山折りになったところには汚れがついて、線が見えることもあります。そうやって注意深く巻物を調べていくと、それがかつて折本になったかどうかがわかるのです。私はそれまで寛弘五年の自筆本の原本を何度も調査していたのに、これにはまったく気づきませんでした。

折本になった形跡のある他の四巻は、あまり記事のない年です。ほとんど記事がないということは、当然、裏書もありません。裏を使おうと思えば、真っ白のいい紙の帳面ができるわけです。ところが寛弘五年だけは、数多くの記事が書かれていて裏書もあり、なおかつ摂関家にとって最も大事なものという位置づけです。それなのに折本にされ、裏書の余白に勝手に書き付けを行なっているのです。

これはどういうことなのでしょうか。陽明《ようめい》文庫の名和修氏のご教示によれば、書いたのは安土桃山時代の公家《くげ》で近衛信尹《このえのぶただ》という人です。この人はかなり変わった人で、関白《かんぱく》になれそうだったのに、自分がなるべきときに豊臣秀吉《ひでよし》が関白になり、秀吉の次は豊臣秀次《ひでつぐ》が関白になったことに腹を立てて出奔《しゅっぽん》します。しかも公家でありながら秀吉の朝鮮遠征に参加すると言ったため、後陽成《ごようぜい》天皇の不興を買って薩摩《さつま》に流されます。そして薩摩の坊津《ぼうのつ》で配流生活を送った後に赦されて、慶長《けいちょう》元年（一五九六）に都に帰り、徳川家康《いえやす》が征夷大《せいいたい》将軍《しょうぐん》になった二年後の慶長十年（一六〇五）にようやく関白になります。

なお彼には子供がなかったので、妹の前子《さきこ》が後陽成天皇に入内してできた子供、信尋《のぶひろ》を養子にします。つまり、この時点から近衛家は天皇家の子が嗣《つ》いでいるのです。だから藤原氏というより皇族に近い存在なのです。

では、近衛家の嫡流《ちやくりゆう》の人である信尹は、摂関家にとって最も大事な年の『御堂関白記』を折本にして、それも一番大事な十二月二十日の裏書の前後にいったい何を書いたのでしょう。じつは信尹は南北朝時代の近衛道嗣《みちつぐ》の日記、『後深心院関白記《ごしんじんいんかんぱくき》』(『愚管記《ぐかんき》』とも)をそこに写していたのです。なぜそんなことをしたのかはまったく謎です。

ただし、これを写した時期は薩摩から戻ってきて、もうすぐ自分が関白になれるかもしれないという時期です。『後深心院関白記』を写した箇所も、道嗣がもうすぐ関白になろうという時期に書かれた記事です。『後深心院関白記』の自筆本も陽明文庫に残っていて、それと『御堂関白記』を照らし合わせてみたのですが、写すと言ってもすべてではなく、日記の一部だけ写したようです。どういう理由なのか事情はよくわかりませんが、おそらく彼なりの考えがあって写したのでしょう。

『御堂関白記』の自筆本は、中世だと摂政《せつしよう》関白であってもめったに見ることのできない貴重なものであったはずです。それなのに、江戸《えど》時代には折本にされて、さらにそこに好き勝手な書き込みが加えられた――。いったいどうしてそんなことが起こったのか、謎は深まるばかりです。

第六章　常に未来を見据えて

道長の外孫を次の東宮に推す行成

前章では一条《いちじょう》天皇と彰子《しょうし》のあいだに皇子が生まれた寛弘《かんこう》五年（一〇〇八）の記事を解説しました。ここからは、それから三年を経た寛弘八年（一〇一一）の記事を読んでみます。

寛弘八年は王朝貴族にとって画期的な年となりました。一条天皇が亡くなり、居貞《おきさだ》親王が即位して三条《さんじょう》天皇となったのがこの年です。一条天皇は二十五年もの長きにわたって天皇の地位にあったため、貴族たちは天皇退位や即位に伴う儀式を二十五年ぶりに行なうことになりました。

久方ぶりのため、貴族たちは儀式をどう執り行なえばいいか頭を悩ませたはずです。『権記《ごんき》』を見ると、藤原公任《きんとう》や源俊賢《としかた》、藤原実資《さねすけ》をはじめ、多くの貴族たちが意見を出し合って、話し合いながら儀式の次第を決めたことが書かれています。藤原行成《ゆきなり》などは、無能で有名な藤原顕光《あきみつ》にも儀式の次第を聞きに行っています（何の参考にもならなかったようですが）。それまでは儀式といっても確固たるものは存在せず、各家に異なるやり方が伝わっていたのですが、このときを境に儀式のかなりの部分が固まり、儀式のスタンダードというべきものが作られ始めた、と私は考えています。

この章では寛弘八年の『御堂関白記《みどうかんぱくき》』から二つの記事に注目します。まず、六月二日の記事です。ここには譲位《じょうい》を決めた一条天皇が東宮《とうぐう》（皇太子）と対面し、即位の意思を確認したときの様子が記録されています。そしてもう一つは、六月二十一、二十二日の記事。ここには一条天皇が崩御《ほうぎょ》したときの様子が記録されています。

六月二日の記事を見る前に、少々時間を巻き戻して五月二十七日の出来事について触れておきましょう。これは後ほどの『権記』の解説でも詳しくお話ししますが、譲位を決意した一条天皇は、五月二十七日に側近だった行成を呼んで、居貞親王が次の天皇に即位した後、次の東宮を誰にするかの相談をしています。

東宮候補は定子《ていし》が産んだ敦康《あつやす》親王、彰子が産んだ敦成《あつひら》親王と敦良《あつなが》親王の三人です。行成は自分の側近であると同時に敦康の側近でもあったので、「敦康親王がいい」と言うだろうと一条天皇は思っていたはずです。ところが行成は「敦成親王を東宮にしなさい。そうしないととんでもないことになる」と言って天皇を説得し、一条天皇は渋々ながらも敦成親王を次の東宮にすることを承諾します。その後、行成は「敦成親王が次の東宮に決まった」と藤原道長《みちなが》に報告します。このことは後で重要になってくるので覚えておいてください。

そして六月二日、一条天皇は東宮居貞親王と対面して、「自分は譲位するから、次はあなたが即位してください」と正式に告げます。道長はこのときの様子を漢文だけではなく、大事なところは仮名を使って書いています。微妙なニュアンスは漢文では表しにくいため、仮名を使ったのだと思われます。

当時の貴族にとって漢文は、今の私たちでいうと外国語のようなものだったはずです。私たちは英語で、「今日は天気が良い」「昼に何を食べた」といった基本的なことは書けても、よほど英語が得意な人でなければ、会話の微妙なニュアンスや、人の感情の動きを表現するのは難しいですよね。おそらく道長も同じように考えて、仮名を交えて書くことにしたのでしょう。古記録《こきろく》においての仮名の役割、機能をよく表した例だと思います。

では六月二日の記事を読んでいきましょう。表には、「二日、天皇と東宮との対面があった。これは譲位のことについてである。巳刻《みのこく》に渡御した」。巳刻とあるので、昼前に東宮は天皇のところへ行ったようです。東宮は一条院《いちじょういん》の寝殿《しんでん》の東面《ひがしおもて》、たぶん東廂《ひがしびさし》だと思いますが、まずはそこに入ります。『御堂関白記』によれば「左衛門陣《さえもんのじん》から輦《てぐるま》を入れ、東《ひがし》対《のたい》の南妻《みなみつま》の戸口で下りて直廬《じきろ》に入られた」となっています。輦とは人が引く車のこと。牛車《ぎっしゃ》の両側に棒（轅《ながえ》）が付いていて、それを人間が引っ張ります。直廬とは休憩のための部屋のことです。

このとき一条天皇は昼御座《ひのおまし》にいました。昼御座というのは天皇の日中の居場所のことで、普段は清涼殿《せいりようでん》の母屋《もや》にあるのですが、この頃は一条院の北対《きたのたい》の母屋が使われていました。そして天皇は、蔵人《くろうど》を介して東宮に清涼殿に上がってくるようにと伝えます。ここまでが表に書いてある内容です。

以前もお話ししましたが、暦の表には二行の間明《まあ》きがあって、普通はそこに四行書けます。ところがこの日は、四行分のスペースに大きな字で三行しか書かれていません。それも道長にしてはかなり丁寧な字で書かれています。宮廷で行なわれる重要な儀式、秘事のなかの秘事について書くので、緊張感を持って丁寧に書いたのだと思われます。

表には、東宮と一条天皇が対面したという大まかなあらましだけを書き、細かい中身は紙背《しはい》(裏)に書いてあります。これは道長が意図的に書き分けたのでしょう。しかし、古写本になると裏書《うらがき》も表に続けて書かれています。写した人はわざわざ道長が紙背に書いた意図をまったく理解していないのです。一方、『小右記《しようゆうき》』や『権記』を写した人は立派です。『小右記』や『権記』の写本の場合は、ここからが裏書だとちゃんとわかるように、「裏書」とか「ウラ」と書いてから裏書を表に書いたり、裏書を別の紙に写して付箋《ふせん》のように貼っています。これは写した人の能力と熱意の差なのでしょう。

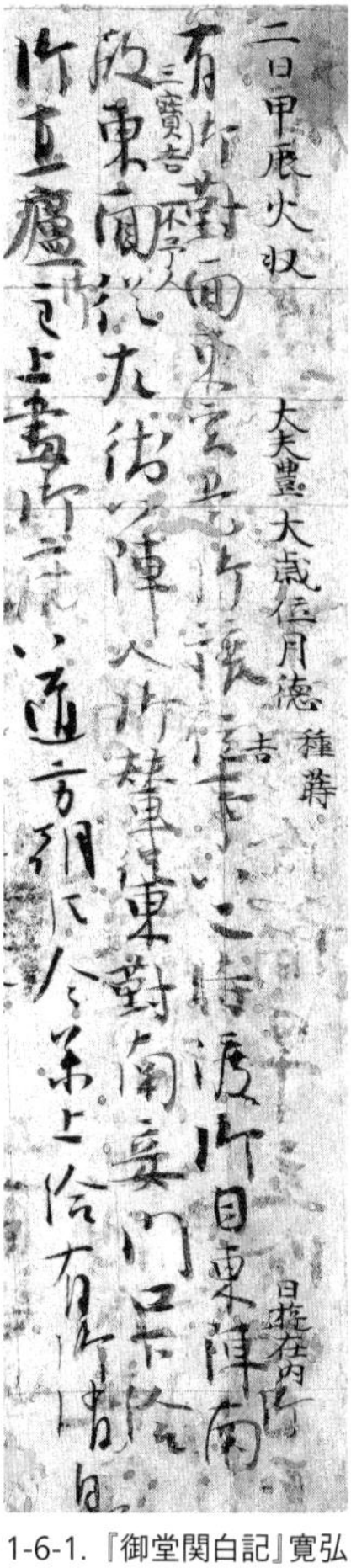

1-6-1.『御堂関白記』寛弘八年六月二日条表（自筆本. 陽明文庫蔵）

可哀相な敦康に給与が保障される

続けて裏書を読んでみましょう。裏も大きめの丁寧な字で書いてあります。会話のニュアンスを伝えるために仮名を使って書いている箇所も見つかります。

まずは「東宮は東対・東北対《とうほくのたい》・渡殿《わたどの》を経て清涼殿（つまり北対）に参上された。しばらくして東宮は退出された」とあります。この間に一条天皇と東宮がどんな会話を交わしたかを道長は知りません。「ご対面の際の室礼《しつらい》は、南廂《みなみびさし》の東障子《ひがししょうじ》のもとに茵《しとね》（柔らかい敷物）一枚を敷いて、東宮が坐った。天皇が出御《しゅつぎょ》して、直ちに譲位を仰せになった」と続きます。茵に坐った東宮に、天皇は、「自分はもう天皇の座を退く」と告げます。このとき一条天皇は「東宮御《おわ》するか」、つまり「私の次には東宮がおられるでしょう」と言っています。

東宮が帰った後、道長は一条天皇の御前に行きます。一条天皇はこのとき道長に「東宮は次に即位することをお聞き入れになった」と告げています。天皇に「次はあなただ」と言われて断る東宮はいません。これは聞き入れて当然です。

ここから大事な部分ですが、一条天皇は敦康親王の処遇について「彼の宮申せ申す」、つまり「東宮から申し出てほしい」と道長に言っています。天皇は次の東宮として敦成親王を指名したため、東宮になれなかった敦康親王にその旨を伝えるとともに、なんらかの待遇を与えなくてはと考えていたのです。「申せ申す」というのは強い願望がこめられた言葉です。本当ならば東宮からそれを言ってほしかったのに、早く退出してしまったため、敦康の処遇についてはなにも話せないままで終わってしまったのです。

では、敦康の処遇はどうするのだということになりますが、一条天皇は「別封《べっふう》、年官《ねんかん》・年爵《ねんしゃく》」、つまり敦康に対しては毎年十分な収入を保証する。これを給うことを、もし東宮から言ってくれるのならば、私も承諾する用意があると言っています。道長はそれを聞いて、すぐに東宮のところへ行き、一条天皇の意向を伝えます。それに対して東宮は次のように答えています。

「暫《しばら》くも候ずべく侍りつるを、御心地、例に非《あら》ざる由を承りて、久しく候ぜんに憚《はばか》り有りて、早く罷《まか》りつるなり」

現代語に訳すと「しばらく御前に居なければいけないと思ったのですが、天皇の病状が

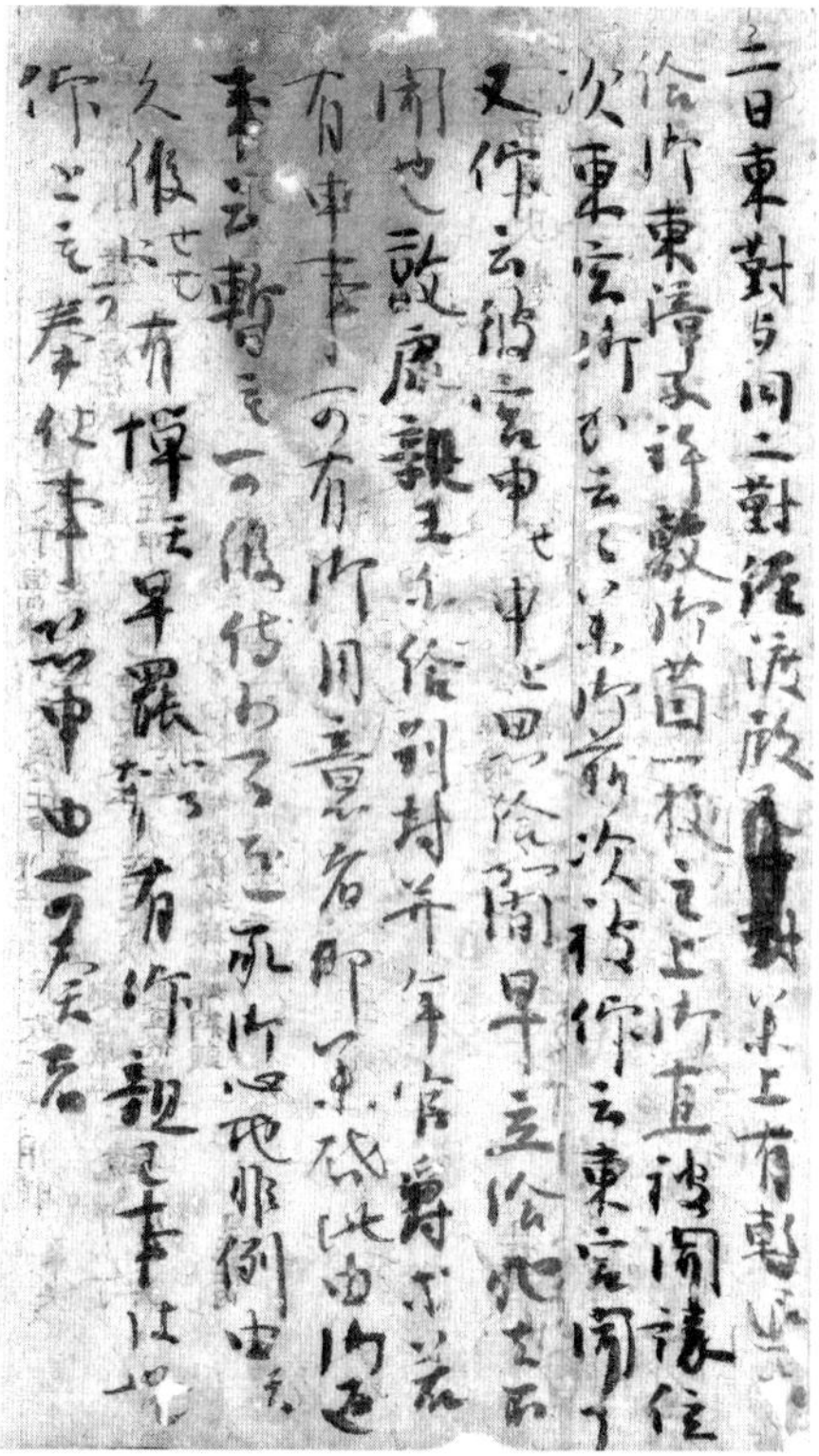

1-6-2.『御堂関白記』寛弘八年六月二日条裏(自筆本.陽明文庫蔵)

思わしくないと聞いていたので、長い間、御前にいるのは憚られ、早くに退出させていただいたのです」となります。さらに東宮はこう続けます。

「仰せ有る親王の事は、仰せ無くとも奉仕すべき事、恐《かしこ》み申す由を奏すべし」

仰せがあった敦康親王のことですが、仰せがなかったとしても私(居貞親王)は敦康親王を大事にする、ちゃんと収入を保障することはわかっています。そう天皇にお伝えくださ い、と言っています。

この会話の部分は仮名が多く使われています。東宮（居貞親王）が次の天皇になりますから、彼が保証したことを確実に書き留めたい。それには下手な漢文で書くより仮名交じりでそのまま書いたほうがいい、と道長は判断したのでしょう。記事にはありませんが、道長は再び天皇のところへ行き、東宮はこう言っていましたと報告したはずです。この日の記事は、天皇、東宮、道長の三者の緊張したやりとりがリアルに描写されているだけでなく、大事な会話を仮名を使って記しているという点でも、非常に興味深い例です。

後日譚《ごじつたん》ですが、一条天皇はこの後すぐに亡くなったため、気の毒なことに院号《いんごう》も諡号《しごう》も奉られることはありませんでした。本当だったら天皇をやめると○○院といった院号が定められます。より古い時代ならば持統《じとう》天皇や桓武《かんむ》天皇といった諡号が定められます。また、譲位により皇位を東宮に譲った人には、「太上天皇《だいじょうてんのう》」という尊号《そんごう》が奉られるのですが、一条天皇は急に亡くなったため、太上天皇と呼ばれることもありませんでした。

院号や諡号が決まっていないと、亡くなった後、彼のことをどう呼んでいいかわからないという困った状況に陥ります。現在、私たちは当たり前のように「一条天皇」と呼んでいますが、これは正式な呼称ではありません。その証拠に『小右記』では、一条天皇のことをしばしば「大宮院《おおみやいん》」と書いています。当時、一条院内裏《いちじょういんだいり》は一条大路と大宮大路のところにあったことから、内裏には一条院、大宮院と二通りの呼び方があり、実資はかなり後まで一条天皇のことも「大宮院」と呼んでいました。

一条天皇は生前、今の仁和寺《にんなじ》のはす向かいに円教寺《えんきょうじ》という寺院を建立しています。そこで亡くなっていたら、彼は円教天皇という落語家みたいな名前になったはずですが、一条院で亡くなったため一条天皇と呼ばれるようになったのです。しかし、亡くなってすぐにそう呼ばれるようになったわけではありません。敦成親王が亡くなったときに後一条《ごいちじょう》院という院号を奉られたことで、「彼が後一条院ならば、その父の天皇は一条院でいいのではないか」となり、いつの間にか一条天皇という呼び名が定着したのです。「大宮天皇」だったら埼玉の人みたいですね。

一条天皇の辞世の句に複数のバージョンがある理由

次に一条天皇の崩御の様子が書かれた六月二十一、二十二日の記事を読んでみましょう。

二十一日の記事の冒頭には「此の夜、御悩、甚だ重く興《おこ》り居給ふ」と書かれており、一条天皇の病状がかなり悪化している様子がうかがえます。当時の人の多くは、病気で倒れてからあまり時間を経たずに亡くなりますが、これには理由があります。当時は日頃から不健康なのが当たり前で、なかなか病気の進行具合がわからなかったからです。なんとなくずっと具合が悪いと思っているうちに手遅れになり、どこが悪いかすらわからないまま亡くなるのが普通でした。

その後に「中宮《ちゆうぐう》、御几帳《みきちよう》の下に御す」とありますが、「中」は後で補った字です。最初は「宮」とだけ書かれていたのですが、宮という言葉は、中宮(后)だけでなく、皇太后《こうたいごう》や太皇太后《たいこうたいごう》、さらには東宮や親王も指します。しかし、道長から見れば「宮」と言えば彰子しかいません。それで「宮」と書いてしまったものの、後でそれではまずいと考え、「中」という字を加えて「中宮」としたのだと思います。

御几帳の近くで天皇を見守っていた中宮に向かって、一条天皇は辞世の句を詠みます。昔の人は偉いですね。亡くなる直前なのに歌を詠んでいるのです。江戸時代、赤穂《あこう》事件で切腹した浅野内匠頭《たくみのかみ》などはかなり動揺して亡くなったはずですが、そんな人でも最期に歌を詠んでいます。本当に詠んだのかと疑いたくなりますが、『御堂関白記』は日付まで書かれた日記ですから、実際に詠んだと思っていいでしょう。このとき、『御堂関白記』では一条天皇は次のような歌を詠んだと書かれています。

「つゆの三の　久さのやとりに　木三をおきて　ちりをいてぬる　ことをこそおもへ（露

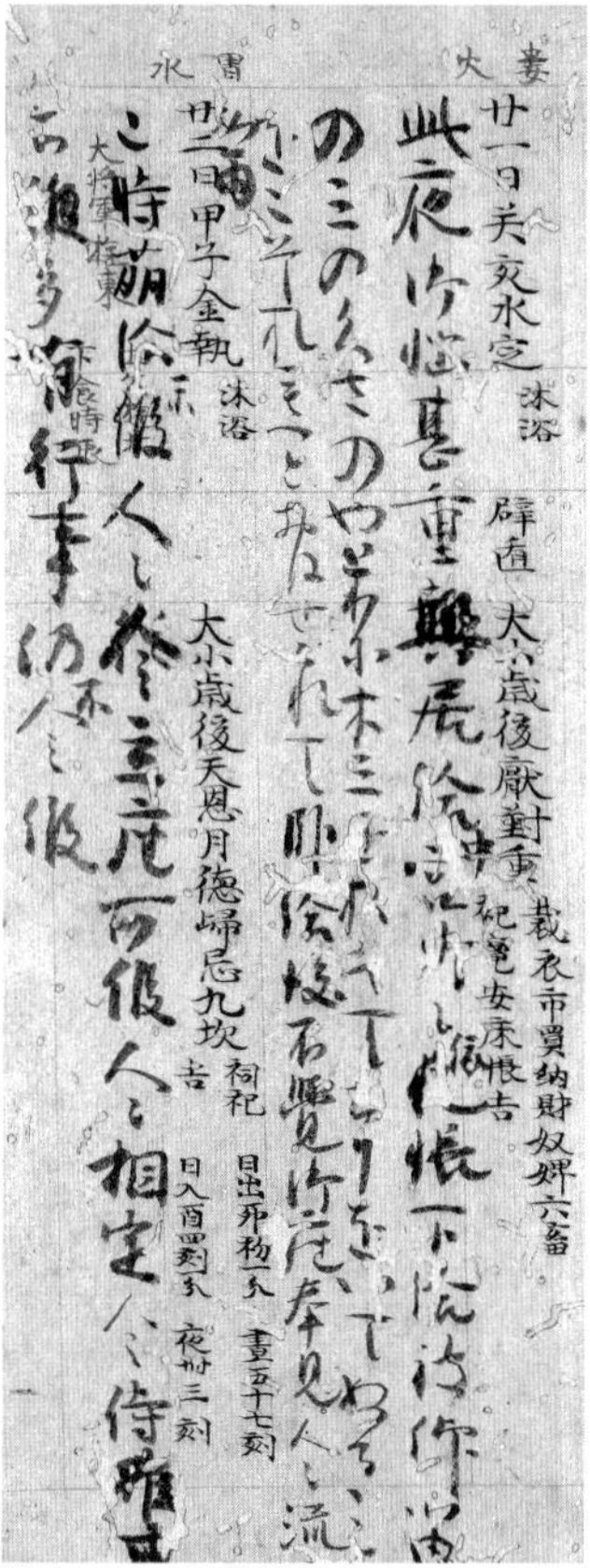
1-6-3.『御堂関白記』寛弘八年六月二十一日条−二十二日条表（自筆本．陽明文庫蔵）

の身の草の宿りに君を置きて塵を出でぬることをこそ思へ）」

漢字と仮名が混じっているように見えますが、漢字に見える字も、たぶん草仮名《そうがな》（半平《はんひら》仮名《がな》）として書かれたものです。数字の三のように見える字は「み＝身」を意味しています。後にこれがカタカナの「ミ」になります。「久」のように見える字、これは万葉仮名《まんようがな》の「く」ではなく、草仮名の「く」のつもりで書いています。「木三」と書かれている部分も「きみ」という仮名のつもりで書いたと思われます。

歌の内容を見ていきましょう。冒頭の「つゆの身」とは露のように儚《はかな》い人生のこと。

「くさのやとり」は現世、この世のなかのことです。「きみをおきてちり」の「ちり」も今の世のことなので、君を残してこの世を出て行くという意味です。つまり、「露のように儚い命の私は、あなたを置いてこの世を出て行くのだ」と詠んでいるわけです。

この歌を詠んだ後、一条天皇は再び臥《ふ》せってその後不覚《ふかく》になった、と二十一日の記事にはあります。古記録で「不覚」という言葉には「人事不省」と「馬鹿」という二通りの意味がありますが、この場合はもちろん人事不省になった、意識がなくなったと解釈すべきです。そして最後には「見奉る人、流泣《りゅうきゅう》すること雨のごとし」とあります。周りに集まった人たちは、みんな雨が降るように泣いたのです。

一条天皇の辞世の句に関しては、同じ句を使った歌が他にも多数存在します。つまりこの歌には、いろいろな歌の本歌取《ほんかど》りがしてあるのです。『源氏物語《げんじものがたり》』だけではなく『古今和歌集《こきんわかしゅう》』のものをはじめ、いろいろな歌にこれと同じ句が出てきます。これはかつて大学の同僚だった国文学者の秋山虔《けん》氏に教えてもらいました。多くの歌人が同じような歌を作っているということは、亡くなるときの定型句のようなものだったのかもしれません。

行成が終生抱き続けた苦悩

この歌に関しては、もう一つ興味深いことがあります。この歌は一条天皇の辞世の句として『御堂関白記』『権記』『栄花物語《えいがものがたり》』『新古今和歌集《しんこきんわかしゅう》』『古事談《こじだん》』という五つの史料に載っているのですが、なぜか歌の字句がすべて違います。『栄花物語』『新古今和歌集』『古事談』については納得できます。なぜなら文学作品というのは書写する際に手直しするのが普通で、写した人がこう書き換えたほうがより良くなると思ったら、勝手に変えてしまっていたのです。だからこの三つが違うのは理解できるのですが、問題なのは、そのときに実際に歌を聞いて書いたはずの『権記』と『御堂関白記』で歌が微妙に異なっていることです。行成が書いた『権記』には、辞世の句が次のように書かれています。

「露の身の　風の宿りに　君をおきて　塵を出でぬる　事ぞ悲しき」

『御堂関白記』で「くさのやとり」となっている部分が「風の宿り」に変わり、最後の句も「思へ」ではなく「悲しき」となっています。

なぜこんな相違が生じたのでしょう。理由としてまず考えられるのは、聞き間違いです。これから亡くなる人が、ハキハキと大きな声でゆっくり歌を詠むとは考えにくいので、おそらく一条天皇は小さな声で細々と歌を詠んだと思われます。そのため正確には聞き取れず、聞き間違いが生じてしまったのではないか。もう一つは記憶違いです。今にも亡くなりそうな人の前で筆を執ってメモを取るわけにはいかないので、覚えておいて後で書くしかありません。よく聞こえなかったとしても、聞き直すわけにもいきません。しかも日記を書くのは翌日の朝ですから、時間が経つうちに記憶が曖昧になった可能性もあります。

通説では、道長のほうが行成よりも一条天皇の近くにいたので、『御堂関白記』に記録された歌のほうが正しいとされていますが、私は日頃の態度や能力から見て、行成が記録した歌のほうが正確なのではないかと思います。行成のほうが耳がよく、記憶力も道長よりはるかに良かったと思われるからです。五つの史料にある歌の字句の最大公約数を取ってみても、『権記』の歌のほうに優位性が感じられます。

とはいえ、行成が書いた『権記』にも少々納得できない部分はあります。『権記』には一条天皇の歌に続けて、「そのお志は皇后《こうごう》に寄せたものである」と書かれています。皇后とは定子のことなので、これはどう考えてもおかしい。定子ははるか昔に亡くなっているからです。このとき一条天皇の側には彰子がいたことを思うと、「君を置いて死ぬのが悲しい」と言っている「君」とは彰子のことだと思って間違いないでしょう。辞世の句はこの世に残していく人に向けて書かれたものなのです。ずっと前に亡くなった定子に、「あなたを置いていくのが悲しい」なんて言うとは思えません。ましてや今のおかみさんがそこで聞いているのにです。

では、なぜ行成は「これは定子に向けて贈った歌だ」と日記に書いたのでしょう。おそらく行成には、定子を皇后、彰子を中宮にする際に一条天皇を説得したことや、定子が産

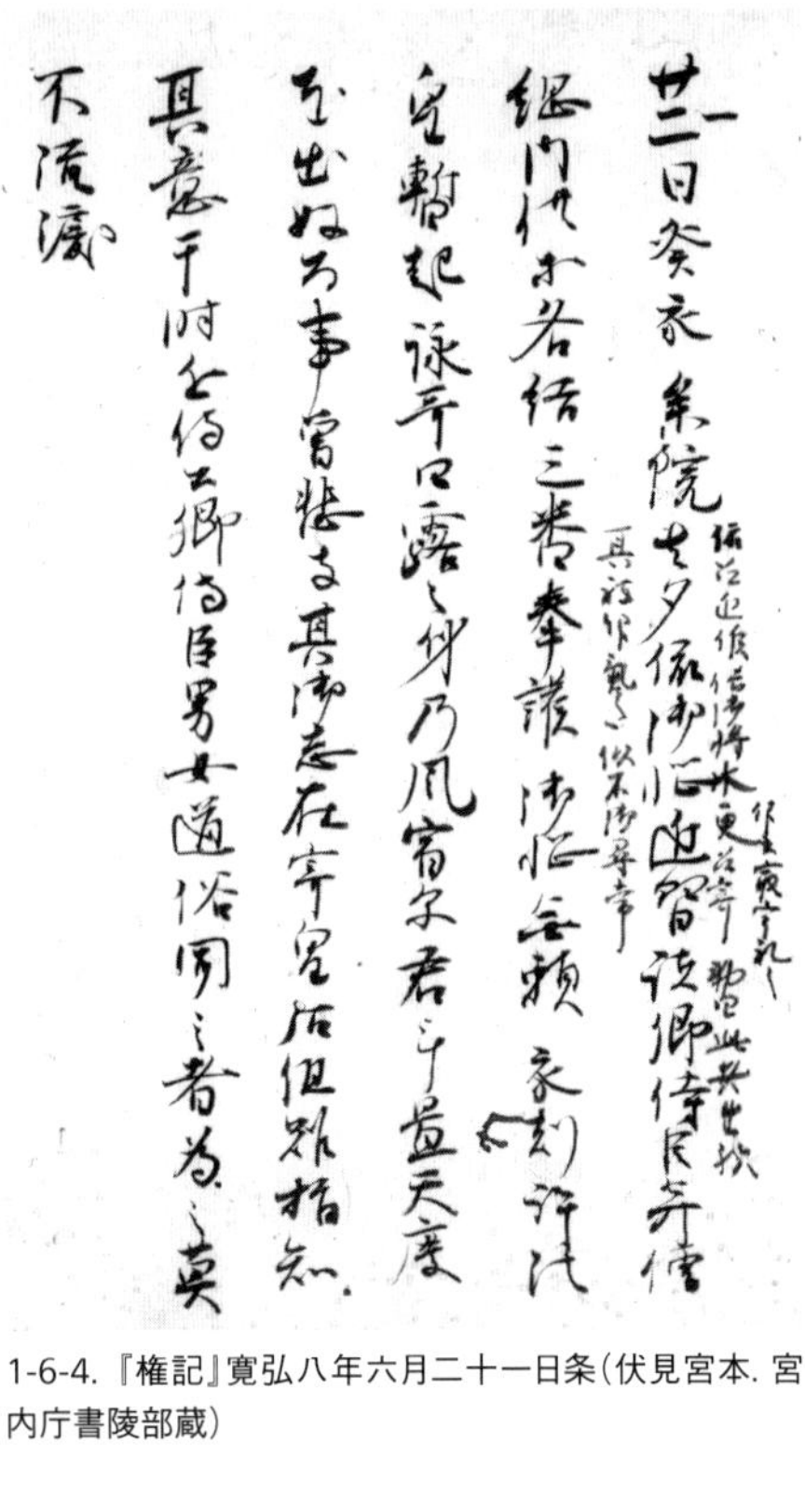

1-6-4.『権記』寛弘八年六月二十一日条（伏見宮本．宮内庁書陵部蔵）

んだ敦康親王を東宮にできなかったことを悔やむ気持ちがあったのでしょう。そうした複雑に絡み合う感情が、彼にこういう文章を書かせたのです。それを思うと、行成の立場にも辛いものがあるなと思います。

政治を停滞させてはならない

続けて翌二十二日、一条天皇が亡くなった日の記事を読んでみます。最初に「巳刻《みのこく》、崩《ほう》じ給ふ」と書かれています。天皇が亡くなるときには「崩ず」「崩御す」という言い方をします（前掲1-6-3.『御堂関白記』寛弘八年六月二十二日条表（自筆本））。

その後には、「候ずる人々に座を立たしむるを示す」と続きます。天皇の周りに坐っていた人々に「座を立て」と道長は命じたのです。ここは単に「立ち上がって席を外せ」ということではなく「建物から退去せよ」という意味にとらえていいはずです。なぜ道長がそう命じたかというと、建物内にいると穢《え》に触れてしまうからです。これは天皇の死穢《しえ》ですから、長い間、穢が続き、その間は内裏に参れません。このとき一条天皇のまわりには政治にたずさわる重要な立場の人が大勢取り囲んでいたはずなので、全員が穢に触れてしまうと、しばらく会議も開けずに政務が停滞してしまいます。それゆえに道長は必要な人だけ建物の外に出して、穢に触れなかったことにしようと考えたのです。

二十五年もの間天皇であった一条天皇が亡くなるのだから、もっと悲しんでいいような気もしますが、道長は天皇崩御後のことをすでに考えていて、長い間、政務が滞ってはいけないと、皆を外に出そうしたのです。「候ずべき人々を相定めて侍らしむ」、おまえとおまえは近くにいろ、天皇の最期を看取る人は、何人かの側近だけでいいと、さらに道長は指示しています。

しかし、一条天皇は多くの人々に愛され、尊敬されていたので、その場を離れたがらない人もいたようです。そういう人にも道長は「行事有り。仍《よ》りて候ぜしめず」、行事が怠ると困るからと建物から追い出そうとしています。

このとき、『権記』を書いた行成はどうしていたのでしょう。『権記』には、行成は密《ひそ》かに念仏を唱えて、一条天皇が極楽浄土《ごくらくじょうど》に行けるように祈ったとあります。また、いったん亡くなったはずの一条天皇が息を吹き返し、念仏を唱えてから亡くなったとも書かれています。つまり、行成は外に出ることなく一条天皇の臨終に立ち会ったようです。一方、『御堂関白記』には一条天皇が一度亡くなって再び息を吹き返したことは一切書かれていません。たぶん道長は周囲に指示して座を立たせた後、自分も穢を避けるために一緒に外へ出たのでしょう。

自分がずっと仕えてきた人が亡くなるときには、普通は息を引き取る最期の瞬間まで一緒にいたい、側に寄り添っていたいと思うはずです。なのに道長は、過去のことはさっさと忘れて新しいほうに向かおうとしています。次の時代になったら自分が皆を領導しなければならない、そのためには政治を停滞させてはいけない、と考えていたのです。悪く言えば冷たくせっかちですが、良く言えば常に未来だけを見ている人であったことが『御堂関白記』の記事からわかります。

それに比べると行成は、かなりウエットな人という感じがします（詳しくは第二部の『権記』で扱います）。なお、『御堂関白記』は長和《ちょうわ》年間、寛仁《かんにん》年間と、この後もまだまだ続いているので、機会があったらぜひ後半の記事にも目を通してみてください。

第二部　子孫繁栄のための苦悩

――藤原行成『権記』を読む

第七章　赤裸々な記録の意図

有能であるがゆえに出世が遅れた行成

ここからは藤原行成《ゆきなり》が記録した『権記《ごんき》』についてお話ししていきます。まず、行成とはいかなる人物だったのかと、『権記』の概要について、解説しましょう。

行成は天禄《てんろく》三年（九七二）、右少将《うしょうしょう》藤原義孝《よしたか》の長男として生まれました。祖父は摂政《せっしょう》の藤原伊尹《これまさ》です。摂政の子の長男ということで、おそらく行成には「本来なら自分が摂政や関白《かんぱく》になってもいいはずなのに」という気持ちがあったはずです。当時の平安《へいあん》貴族は多かれ少なかれ全員がそういう気持ちで生きていました。

行成がなぜ関白や摂政の座に就くことができなかったのかというと、摂政だった祖父の伊尹が早世してしまったからです。伊尹は行成が生まれた年に亡くなっています。祖父が亡くなっても父親が出世していれば良かったのですが、父の義孝もその二年後に亡くなります。出世しないまま親が早くに亡くなると、子孫は苦労します。長生きして高い地位まで昇っていって子供を引き立てるのが当時の貴族にとっては最も大事なことなので、祖父と父親を早くに亡くし、自分を引き立ててくれる人が誰もいなかった若い頃の行成は不遇でした。

家柄としてはすぐに中将《ちゅうじょう》、参議《さんぎ》（納言《なごん》に次ぐ公卿《くぎょう》）となって公卿の地位に上ってもいいはずなのに、なかなかそうはいかない。とはいえ行成は子供の頃から非常に優秀で、その能力の高さは誰もが認めていました。『権記』の最初のほうに書かれている、行成が皆から儀式のやり方について尋ねられている記事などを見ても、いかに優秀だったかがわかります。

また、行成は字が抜群にうまく、人柄が良く誠実で正直でした。そんなに完璧な人間だったら、すぐに出世しそうに思えるのですが、逆に優秀すぎることが出世のネックになっていたのでしょうか。そういう人は出世させるとどんどん上に行ってしまうので、今のうちに邪魔しておこうと考える意地悪な人もいたでしょう。そんなわけで、人一倍優秀でありなが

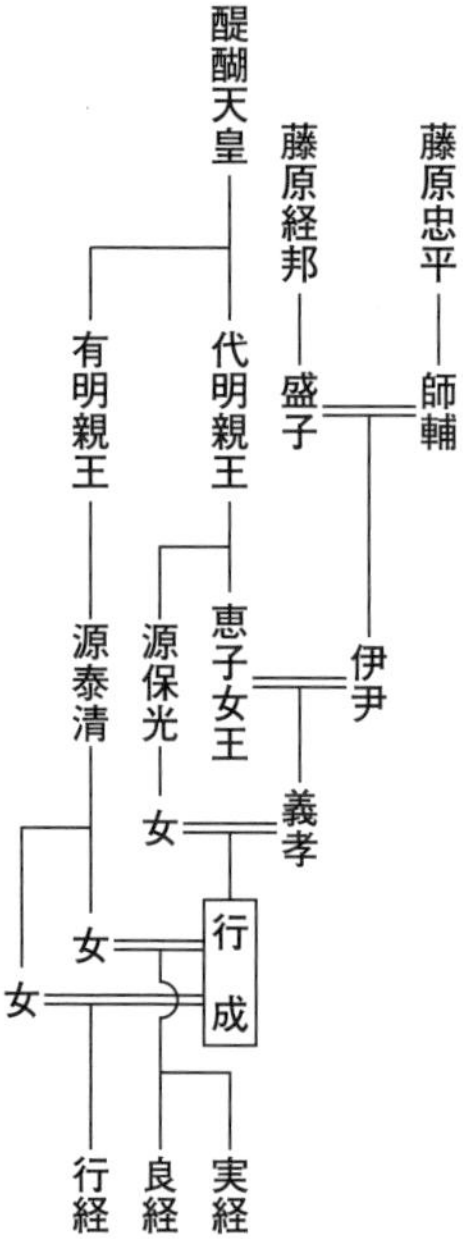

らも、地下人《じげにん》（清涼殿殿上間《せいりょうでんてんじょうのま》に昇殿《しょうでん》する資格のない者）として不遇な時代を長く過ごすことになったわけです。

長徳《ちょうとく》元年（九九五）、二十四歳の行成はようやく蔵人頭《くろうどのとう》に抜擢《ばってき》されます。蔵人頭は天皇の側近として政権担当者との連絡係を担う重要な職なので、いきなりの大出世です。しかし、これがまた彼にとっては不利にはたらきました。行成はあまりに有能で、なおかつ実直だったので、一条《いちじょう》天皇に手放したくないと思われてしまったのです。蔵人頭は激務のため、二、三年で参議になるのが普通なのに、彼は七年も蔵人頭を続けることになりました。

もちろん、行成は天皇の側近をずっとやっていたいと思っていたわけではありません。本音を言えば早く出世して公卿になりたい。そういう気持ちからか、蔵人頭を辞める夢を見たりもしています。蔵人頭を辞める夢とは、すなわち参議になって出世する夢のことです。そのときはわざわざ藤原道長《みちなが》のところへ行って「こんな夢を見ました」と報告したりもしています。道長はいい人なので、「そう言えば俺が若い頃、こんな夢を見た」「うちの親父の藤原兼家《かねいえ》はこうだった」といった話をして、行成をなだめていました。行成は内裏《だいり》にも頻繁に足を運んでいますから、おそらく一条天皇にも「こんな夢を見ました（早く私を出世させてください）」と直訴していたはずですが、一条天皇は彼を手放そうとはしませんでした。

ちなみに行成は一条天皇だけではなく、天皇の母親の藤原詮子《せんし》、中宮《ちゅうぐう》の定子《ていし》、道長にも側近として仕えていて、一時は清少納言《せいしょうなごん》と付き合っていたようです。誰からも好かれて信頼されていたのですが、それが皮肉にも出世を遅らせる原因になってしまいました。蔵人頭を七年務めた後は、順調に昇進を重ね、最後は権大納言《ごんだいなごん》になりましたが、彼の能力からすれば大臣になっても不思議ではなかったと思います。

公言してはならない秘密を書く

誠実かつ正直で、皆から信頼されていた行成は、王権内部の秘事に関わったり、天皇、東宮《とうぐう》、国母《こくも》、政権担当者など、いろいろな人から秘密を打ち明けられる機会も多かったようです。こうした内密の話は、本当は誰にも言ってはならないはずなのに、行成はそれを堂々と『権記』に書いています。なぜそんなことをしたかといえば、自分が聞いた秘密や、秘密裡で行動したことを書き記しておくことが、自分の子孫にとってプラスになると考えたからでしょう。

例えば、彰子《しょうし》が中宮になれたのは行成が一条天皇を陰で説得したり脅したりしたおかげ、敦成《あつひら》親王が天皇になれたのは行成が一条天皇を説得したり脅したりしたおかげ、道長の子孫が政権を担当し続けられるのはすべて行成の行動のおかげ——といったことを日記に証拠として残しておけば、子孫はそれを盾に取って出世につなげられます。「私の祖父の行成のおかげであなたのおじいさんは即位できたんだよ（あるいは、政権の座に就けたんだよ）」などと主張すれば、相手も邪険にはできませんよね。浅ましい話に思えるかも知れませんが、一族繁栄のための戦略として有効であったのは確かです。

しかし、思い通りにはいかないもので、行成の子孫は出世できず没落していきます。ただ同じように没落した藤原実資《さねすけ》の子孫より多少良かったのは、行成の一族は書道の家として生き残ることができたという点です。行成の家系はその後、書道の名門として世尊寺《せそんじ》流《りゅう》を代々継承しました。

行成は若い頃から書に秀でていたため、多くの人が行成の書を欲しがりました。当時、貴族が宴会を開いた際には禄《ろく》（贈り物）として馬をあげたり、女房装束《にょうぼうしょうぞく》一式をあげたりといったことが普通で、非常に物入りでした。しかし行成の場合はサラサラと一筆書いて、それを渡せば馬をもらうよりも価値があったといわれています。後に行成は「三蹟《さんせき》」の一人と呼ばれますが、他の二人（小野道風《みちかぜ》・藤原佐理《すけまさ》）と比べても、素人目にも彼の字は読みやすいし、誰が見てもいい字だなと感じるはずです。

また、行成は儀式にも長けていたので、よく宣命使《せんみょうし》も務めています。宣命とは、漢字仮名交じりの宣命体で書かれた詔《みことのり》のことです。儀式でそれを皆の前で読み上げるのが宣命使です。頭が良く、宣命の中身が理解できていて、声が良いことが宣命使の必須条件です。代わりになる優秀な人材がなかなか現れなかったからか、行成はかなり偉くなるまで宣命使を務めています。

道長の右腕として摂関《せっかん》政治を影で支えてきた行成ですが、万寿《まんじゅ》四年(一〇二七)十二月一日に体調を崩し、四日、奇しくも道長と同じ日に五十六歳で亡くなりました。この日、厠《かわや》に行くときに倒れたのですが、原因はおそらくヒートショックと思われます。当時の厠はかなり寒かったはずですからね。それで意識不明となって亡くなってしまいました。ちょうど同じ日に道長が亡くなり、都は大騒ぎとなっていたため、悲しいことに行成の死を気に留める者はほとんどいなかったはずです。

儀式の標準化への貢献

行成が書き残した日記は『権記』と呼ばれていますが、これは行成が最後に就いた官職が権大納言だったためです。権大納言の書いた日記だから『権記』というわけです。そう聞くと納得するかもしれませんが、権大納言は一人ではありません。平安時代を通じて何百人いたかわからないほどたくさんの権大納言が存在しました。なのに行成の日記だけが『権記』と呼ばれているのは、やはり彼が権大納言のなかでも特に偉大な存在だったからでしょう。しかし別の見方をすると、『権記』という名前には「大臣や大納言《だいなごん》になれなかった男の日記」という意味があったのかもしれません。

ところで、皆さんは王朝貴族にはどんなイメージを抱いていますか。おそらく多くの人は、毎日ぶらぶらと暇を持て余して、遊宴と恋愛にうつつを抜かしている姿を想像するはずです。しかし、古記録《こきろく》を読めばわかりますが、彼らは常に立ち働いていて、いつ休むのかとこっちが心配になってくるほど忙しかったようです。とくに行成が就いた蔵人頭は非常に多忙でした。夜勤や候宿《こうしゆく》（宿直《とのい》）があるのはもちろんのこと、宴会に参加しても終わった後にまた仕事に戻ったり――激務の日々が続きます。そうした生活が最もリアルに書かれているのが『権記』なのです。

ただ、すべての官人がそんなに忙しくしていたかというと、そういうわけではありません。なかにはぶらぶらと遊んでいるだけの人もいたはずです。そういう連中は内裏にいても意味がないので、「収入は保証するから、なるべく出てこないように」などと言われていたようです。逆に、有能で仕事に対するモチベーションの高い人は、重要な仕事を数多く任されて、休む暇もないほど働かされていたと推測されます。行成は後者で、ある意味では仕事の犠牲者といっていいでしょう。これほど過酷に働いていなければ五十六歳で亡くなることはなかったはずです。彼は若い頃から病気がちだったようですが、働き過ぎたことがよけいに持病を悪化させたのではないかという気がします。

官人たちの多くは常に仕事に追い立てられていたようですが、いったい何がそんなに忙しかったのでしょう。忙しさの原因の一つとして挙げられるのが儀式です。当時の朝廷の政務はすべて儀式をもとに行なわれていたと、私の平安時代史研究の師匠である土田直鎮《つちだなおしげ》先生がおっしゃっていますが、最もやっかいな問題は儀式のやり方がまだ固まっていなかったことでした。儀式書《ぎしきしょ》があるのだから、その通りにやればいいのでは、と思われるかもしれませんが、儀式書はあくまで一つのサンプルに過ぎません。

家によって儀式のやり方がそれぞれ違っていたため、何をやるにしても、すりあわせが必要だったのです。各人が自分のやり方を持って内裏にやってきて、自分の意見を述べたりします。家に伝わる先祖の日記を見ながら「うちの先祖はこうやっていたから、ここでもこうやるべきだ」と互いに主張し合うのです。当時はまだ儀式の標準は存在していなかったため、皆の意見をまとめるだけでも一苦労だったと思われます。

前章でもお話ししましたが、寛弘《かんこう》八年(一〇一一)の三条《さんじょう》天皇の即位に関わる儀式が、儀式のスタンダードを作る契機になったと思っていいでしょう。このときは二十五年ぶりに新たな天皇が即位することもあって、前回の一条天皇の即位儀式の際に中心的な役割を担った官人たちのほとんどは、すでにこの世を去っていました。

もちろん二十五年前の即位の儀式に携わった現役官人もいたはずですが、彼らは当時は若くて下っ端だったため、中心となる儀式には関わっていなかったでしょう。はっきりした記憶も残っていなかったでしょうし。そのため三条天皇の即位の際は、皆で意見を出し合いながら儀式の標準を作ることになったのです。それ以降は他の儀式に対しても同様にすりあわせが行なわれ、正式な形が決められ始めるようになりました。

そういう意味でも、寛弘八年という年は、貴族社会にとっては画期的な年といっていいでしょう。同様に、大嘗会《だいじょうえ》が行なわれた翌長和《ちょうわ》元年（一〇一二）も重要な年です。行成は三条天皇の即位式《そくいしき》と大嘗会、どちらにおいても儀式の中心メンバーとなっているので、彼が儀式の標準化に果たした役割は非常に大きかったといっていいでしょう。やがて御堂《みどう》流《りゅう》と呼ばれる儀式の標準が完成しますが、これは道長の祖父である師輔《もろすけ》の九条流《くじょうりゅう》と師輔の兄である実頼《さねより》の小野宮流《おののみやりゅう》を合わせたものといわれています。

『権記』を読むと平安貴族社会がわかる

では、ここからは行成の書いた『権記』のあらましをお話しします。

まずは『権記』の特徴をいくつか挙げておきましょう。『権記』の最大の特徴といえるのが、天皇から下級官人まで、多種多様な階層の人たちの様子が描かれている点です。

『御堂関白記《みどうかんぱくき》』を書いた道長は地位が高すぎたため、付き合いの幅はそれなりに偉い人に限られていましたが、行成は弁官《べんかん》や蔵人《くろうど》を長く務め、下級官人たちとも日常的なつき合いがあったことから、日記には様々な階層の人が登場します。

平安期というと、どうしても摂関家《せっかんけ》、賜姓源氏《しせいげんじ》、皇族、后妃《こうひ》といった偉い人たちばかりに目がいきがちですが、実際の平安宮廷社会は様々な雑務を行なう下級官人たちによって支えられていました。貴族と認められていた五位以上の人たちはともかくも、六位以下の人たちはかなり貧しい生活を強いられていたはずです。しかし、彼らは彼らなりに「自分たちは内裏に仕える者。貴族階級なのだ」というプライドを持って生きていたはずです。

こうした下級官人のなかには、藤原氏など名門貴族の庶流の他に、倭《わ》王権以来の名族の末裔《まつえい》がいます。倭王権の氏族が摂関期の十一世紀にまだいたのかと思うと、私は目頭が熱くなるほど感動します。とうの昔にいなくなったと思っていたら、行成の下でこき使われていたのです。なかには相撲人《すまいびと》(諸国から徴発されて相撲節会《すまいのせちえ》で相撲を取った者)になった連中もいたようです。他には部姓《べせい》、つまり大化前代《たいかぜんだい》の伴造《とものみやつこ》の末裔たちが、十一世紀には上級違使《いし》や弁官、大蔵省《おおくらしょう》の実務官人になっていたりします。伴造の人々は、六世紀には検非《けび》豪族として羽振りが良かったはずです。当時の彼らにとって藤原氏はまだ成立していなかったのに、いつの間にか立場が逆転してしまいました。末裔たちは道長の天下をどう見ていたのでしょう。

もう一つ『権記』で特徴的なのは、先ほども述べましたが、王権の秘事が書かれている点です。天皇、后妃、東宮に関わることは、普通は日記に書いてはならないはずだし、行成もそれは十分わかっていたはずです。その証拠に行成は『権記』のなかで何度か「温樹《おんじゅ》を語らず」という言葉を使っています。「温樹を語らず」というのは中国の格言で、漢《かん》の時代、宮中に出入りしていた孔光《こうこう》という人物が、家族に宮廷のなかの温室の樹木の様子を尋ねられたときに語った言葉とされています。つまり行成は「宮廷に関わることは口が裂けても言ってはならない」とわかっていながら、あえてそれを『権記』に記録したのです。

他には、道長の行動や様子が赤裸々に描かれているという点も『権記』の特徴といっていいかもしれません。道長は『御堂関白記』に自分のことをあまり詳しく書いていませんが、『権記』を見ると道長のありのままの姿がよくわかります。病気になって弱気になっている姿、怒っている姿、天皇に対して何か含むところがあるときの姿など、リアルな道長の姿を、行成は克明に描写しています。つまり『権記』は、道長を知るための史料として読むこともできるのです。

行間から見える、子を亡くした悲しみ

さらに、『権記』を読んでいて最も心を動かされるのは、家族が亡くなる場面です。行成は祖父や父親、母方の祖父を早くに亡くしただけでなく、気の毒なことに自分の妻を二人、亡くしています。さらに子も何人か亡くしています。当時は子を産んでもうまく育たないことが多く、お産のときに産婦が亡くなることも珍しくなかったのです。こうした家族との別れを行成は日記に感情を込めて書いています。

例えば長徳四年(九九八)十月十八日の記事には、前の年に誕生した子が亡くなるときのことが、こんなふうに書かれています。

まだ赤ん坊だったけれども、容貌ははなはだ美しい。日頃、熱病を患っていた。今日は病気が少し治まった。ところが無力になった。母親はそれを抱いて、そしてずっと臥《ふ》せっていた。

ぐったりした子供を抱いて悲しみにくれる母親の姿が目に浮かびます。このときの妻の様子を行成は「愛愍《あいみん》の甚しきなり」、母親が子供をいとおしく不憫《ふびん》に思う心が甚しかったと表現しています。ただ出来事を書くだけではなく、行成は人の気持ちや感情もしっかり

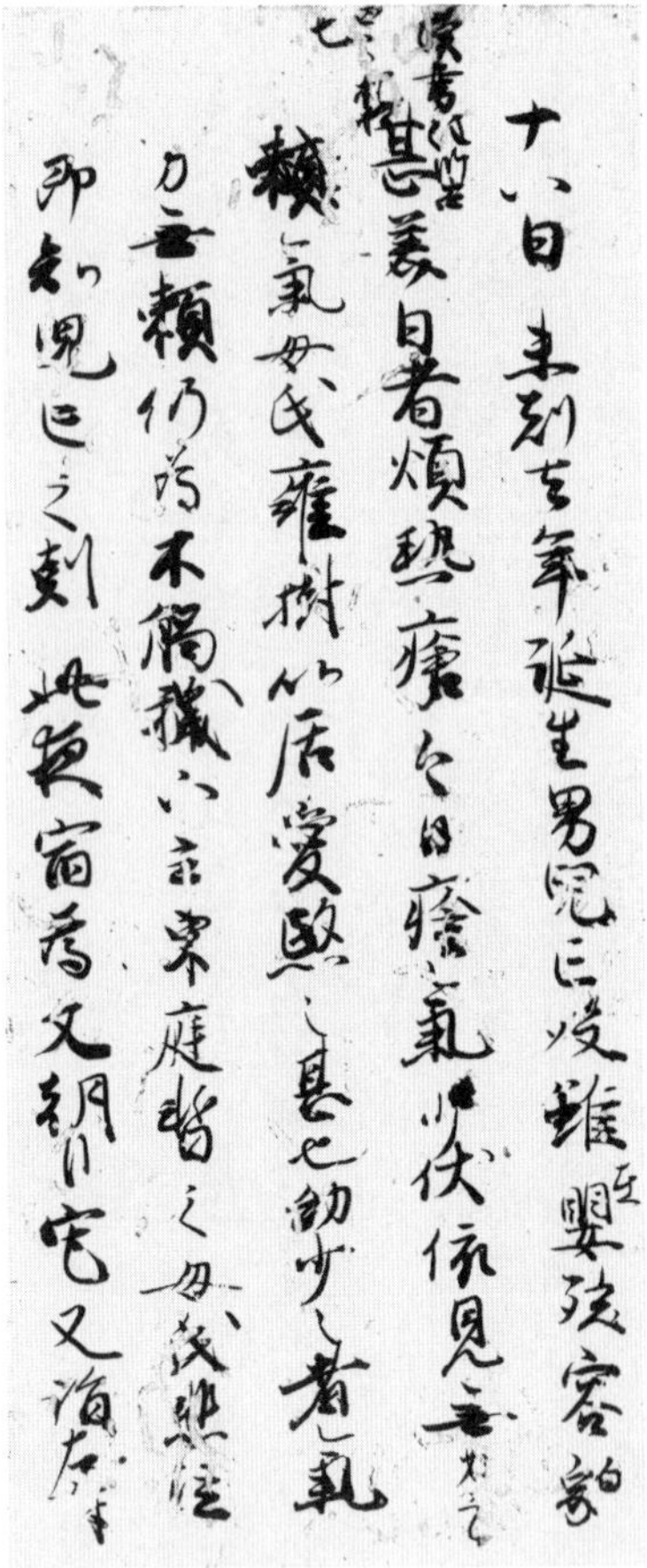

2-7-1.『権記』長徳四年十月十八日条(伏見宮本. 宮内庁書陵部蔵)

描写しているのです。

この後、子供はさらに弱っていくのですが、行成は子供のもとを離れて庭に下ります。それは当時、蔵人頭だったため、子供が亡くなっても仕事を休むわけにはいきません。それで穢《え》に触れてはいけないというので、その場を離れたのです。つまり臨終になってからの子供の様子を見ていないのです。しばらくすると妻が泣く声が聞こえ、それによって子が亡くなったことを行成は知ります。遺体に寄り添うと穢に触れてしまうため、しかたなくその日は源為文《ためふみ》という人の家に宿した――と『権記』には書かれています。悲しさ、無念さがリアルに伝わってくる記事です。

この日の記事の写本を見ると、これは行成本人が書いたものではないのですが、心なしか字が乱れ、行が曲がっているような気がします。これを書写した人も、写し始めて内容の深刻さに心が動いたのかもしれません。

この十年後の寛弘五年（一〇〇八）九月、道長の長女の彰子が敦成親王を産んだすぐ後に、行成の家にも双子が生まれます。しかし、悲しいことにこの子たちも生まれてすぐに亡くなってしまいます。行成は双子の亡骸《なきがら》を鴨川《かも》に流すのですが、このときの記事も涙なくしては読むことができません。

行成はかなり早い時期から浄土《じょうど》信仰に深く帰依《きえ》していました。浄土信仰では人が亡くなると極楽《ごくらく》浄土に生まれ変わり、次の人生がすぐに始まると考えます。そう考えると、遺《い》骸《がい》には意味がないということになります。魂はどこかに生まれ変わりますが、肉体（遺骸）はただの入れ物に過ぎないというのが浄土信仰の考え方です。行成は真面目な人だったので、そうした考え方に従って双子の亡骸を鴨川に遺棄するという辛い行動に出たのです。

行成は母親、父親、外祖父の亡骸も、一度土葬《どそう》にされたものをわざわざ掘り出して火葬し、遺灰を鴨川に流しています。それぐらい徹底した浄土信仰と薄葬《はくそう》思想の人だったのです。でも、自分の子供の亡骸を川に流して悲しくなかったかというと、そんなわけはありません。よほど堪《こた》えていたはずです。なぜそう思うかというと、寛弘五年九月から十月にかけて、先にお話ししたように、道長の外孫《がいそん》が生まれたことから貴族社会はお祝いムードに酔いしれ、儀式に湧いていたのですが、『権記』にはその様子がほとんど書かれていないのです。子を亡くした行成は、さすがにそんな気持ちになれなかったのでしょう。

行成は治安《じあん》元年（一〇二一）にも女《むすめ》を亡くしています。この子は生まれてすぐではなく、かなり大きくなってから亡くなったようで、『更級日記《さらしなにっき》』のなかにも猫に生まれ変わったと書かれています。このときも行成はおそらく深い失意のなかにあったと思われます。

結婚記念日を覚えていた行成

行成は妻も二人、亡くしています。そのときのことも『権記』に詳しく書いていますが、その記事を紹介する前に、導入として興味深い話をしましょう。

『権記』を見るとわかりますが、行成の妻に対する呼び名が年を追うごとに変わっていきます。最初、彼は自分の妻を「女《おんな》」あるいは「女人《にょにん》」と書いています。そしてしばらくすると「母」と書くようになる。今でも子供ができると自分の伴侶《はんりょ》のことを「お母さん」や「ママ」と呼ぶ人がいますが、当時も同じだったようです。どの時点でそう呼ぶかは人によって違うのですが、道長も外孫の敦良親王《あつながしんのう》（後の後朱雀《ごすざく》天皇）が誕生した日から妻の源倫子《りんし》のことを「母」とも書いています。

さらに行成は、もっと後のほうになると妻のことを「孟光《もうこう》」と書くようになります。孟光というのは中国の故事に登場する、後漢《ごかん》の梁鴻《りようこう》の妻の名前です。この女性は化粧っ気がなく見た目は醜かったけども、梁鴻だけを思っていたといわれています。美醜のことはともかくとしても、自分だけを愛してくれる妻という意味で、行成もそう呼んだのでしょう。最初の妻が亡くなった後、行成は妻の妹と結婚するのですが、妹のほうも同様に最初は「女」「女人」、次に「母」、最後に「孟光」と呼んでいます。

では、妻を亡くしたときの行成の日記を読んでみます。まずは最初の妻が亡くなったときの長保《ちようほう》四年（一〇〇二）の記事です。行成は二月九日に夢を見ます。「今夜、室女《しつじよ》、余と共に明月を見るを夢みる」。妻と一緒に明月を眺める夢を見たようですが、このときの行成には「うちの妻は、もしかするともうすぐ亡くなるのではないか」という不安があったようです。行成の妻は懐妊《かいにん》していたのですが、当時はお産をすると産婦が亡くなるケースが多かったので、こういう不吉な夢を見たのです。

九月二十六日条にも夢を見たことが書かれています。「前夜の夢に、淫事《いんじ》を行なったことは、甚だ不浄であった」。ここには妻とセクシャルな行為に及んだ夢を見たと書かれています。心理学でいう性夢です。「これは先日、桃薗《ももぞの》（世尊寺《せそんじ》）に於いて祈り申したところである」。妻と淫事を再び行なえるように祈ったとも書かれています。妻が病、あるいはお産で亡くなるかもしれないという不安のなか、もう一度以前のような関係に戻りたいという思いが行成にはあったのでしょう。かなり辛い夢です。

そして十月十六日、ついに妻が亡くなります。「丑刻《うしのこく》、気がだんだん断えた。年は二十七。悲慟《ひどう》の極みは、何事がこのようであろうか。臨終となった頃は、心神《しんしん》は乱れていなかった」。意識が絶えた。二十七歳で亡くなるなんてこれほど悲しいことはない、と書いた後に、臨終になったら心神は乱れなかった——とあります。これはおそらく妻の心神もありますし、自分の心神も乱れなかった、取り乱すことがなかったという意味だと思います。

その後に「去る永延《えいえん》三年八月十一日以後から、今まで十四年」と続きます。じつはこれは、永延三年（九八九）八月十一日に結婚してから十四年が経ったと、二人の結婚記念日をしみじみと振り返っているのです。当時の男性で結婚記念日を覚えている人などいなかったはずですから、彼はおそらく史上最も古い、結婚記念日を記録した人といってもいいかもしれません。

続けて「母子の命は、一日で急に没した。松蘿《しょうら》の契りは千年だが、変わってしまった」。妻と一緒にお腹の子供も亡くなってしまったのでしょう。母親と子供は一日で死んでしま

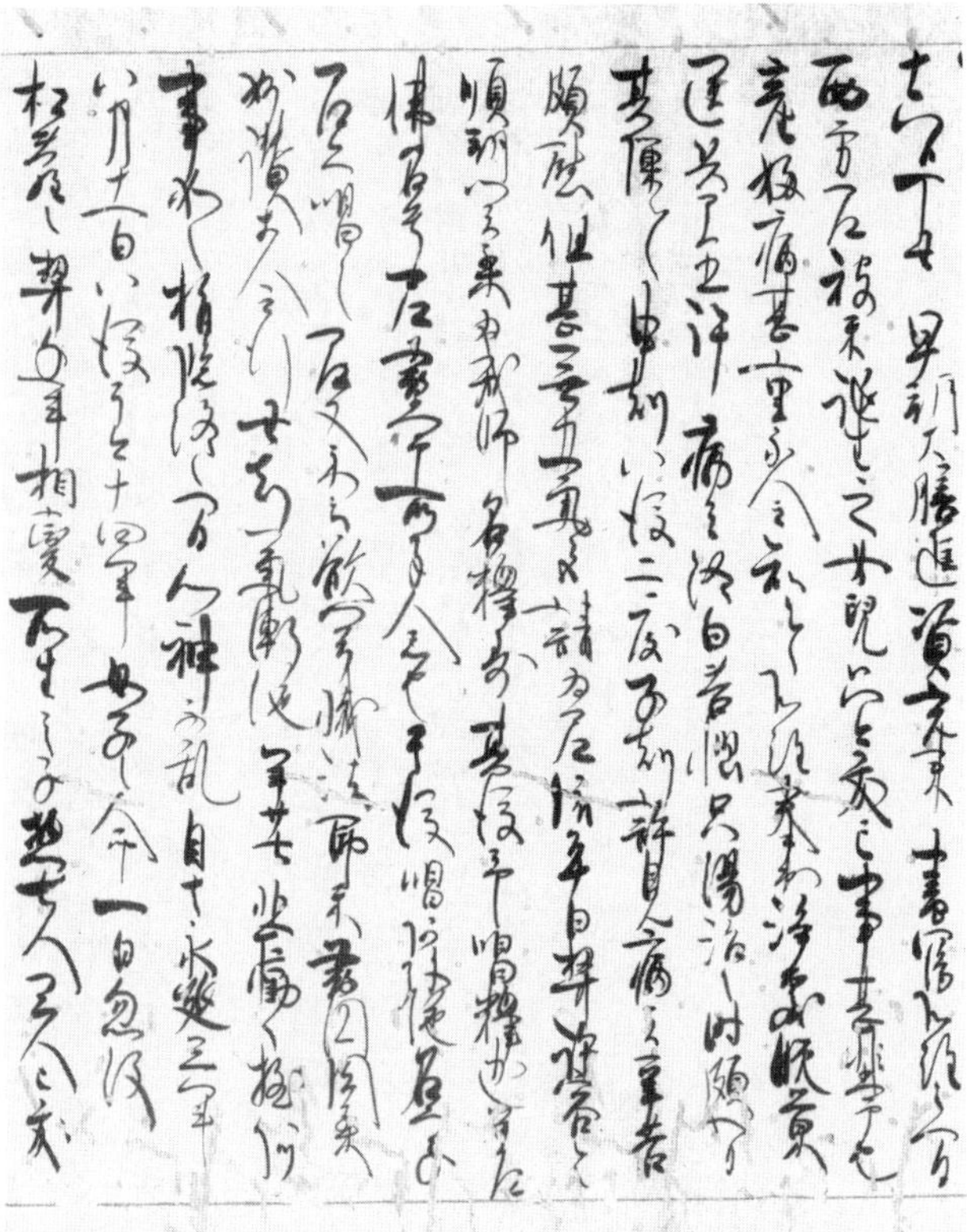

2-7-2.『権記』長保四年十月十六日条（伏見宮本．宮内庁書陵部蔵）

った。永遠の契りが変わってしまったと嘆いています。「産んだ子は全部で七人。三人はすでに死んだ」。産んだ子供は七人だが、三人がすでに幼くして亡くなってしまった。子供に先立たれた親の気持ちが伝わってきます。こうした記事を読むと、行成は徹底した浄土信仰の信者ではあったものの、やはり妻子の死は辛く悲しいものだと思っていたことがよくわかります。

さらに一条天皇の葬送《そうそう》（火葬）がすべて終わった際の心情を綴った記事を見ても、行成は人の死というものに真面目に向き合っていたことがわかります。『権記』には次のように一条天皇の遺骨を納めたときの気持ちが書かれています。

「嗚呼《ああ》、人命は定まらない。私の生も奈何《いかん》」。人命は定まらない。私の生もどうなるか。「君恩《くんおん》には必ず報いようと思う。天命《てんめい》は必ず祈らなければならないものである」。お世話になった一条天皇の恩には必ず報います、と。

その日の出来事や儀式の様子をただ記録するだけでなく、こんなふうに人間の心情まで描写されているのも『権記』の特色です。

第八章　次期東宮をめぐる苦悩と策謀

次の東宮を誰にすべきか

『御堂関白記《みどうかんぱくき》』の解説でもお話ししましたが、寛弘《かんこう》八年（一〇一一）に一条《いちじょう》天皇が譲位《じょうい》する際、藤原行成《ゆきなり》は天皇に呼ばれて、誰を次の東宮《とうぐう》にするかの相談を受けています。それまでも行成は一条天皇の顧問を務めていましたが、このときばかりは特別だったようです。

この章では、そのときの経緯が書かれた五月二十七日の記事を中心に読んでいきます。『権記《ごんき》』の内容に入る前に、少し長くなりますが、一条天皇の周辺がこのときどんな状況にあったのかをお話ししておきましょう。

一条天皇が譲位すると、当時、東宮だった居貞《おきさだ》親王が次の天皇となります（三条《さんじょう》天皇）。そうなると東宮の地位が空くため、新たな東宮を立てなければなりません。しかし一条天皇には兄弟がいなかったため、三人の皇子のなかから東宮を選ぶことになります。定子《ていし》が産んだ敦康《あつやす》親王が第一皇子で、このとき十三歳。そろそろ大人になろうかという年齢です。それと藤原道長《みちなが》の長女の彰子《しょうし》が産んだ敦成《あつひら》親王、これは数えで四歳。翌年生まれた敦良《あつなが》

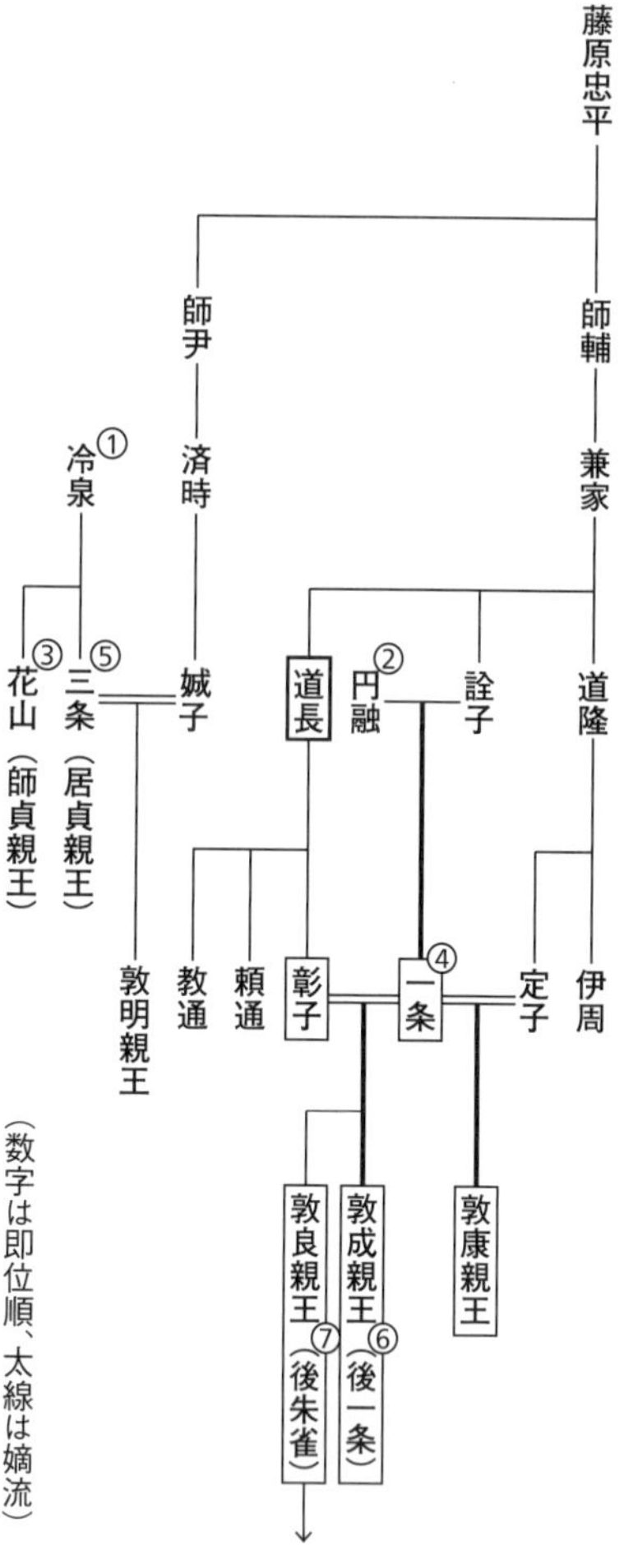

（数字は即位順、太線は嫡流）

親王は三歳です。

当時は中宮《ちゅうぐう》が産んだ第一皇子が東宮となり、やがて天皇に即位するのが通例でした。病気で第一皇子が死んでしまった場合を除き、中宮あるいは皇后《こうごう》が産んだ第一皇子が立太子しなかったことは平安《へいあん》時代を通じて一度もありません。そうした流れからすると、定子が産んだ敦康親王が次の東宮となってしかるべきです。

ところが、道長は自分の女《むすめ》が産んだ敦成親王をなんとしてでも東宮（皇太子）にしたいと思っていました。さらに敦成が天皇に即位した暁《あかつき》には、敦成の弟の敦良を次の東宮にとも思っていたはずです。それが実現すれば、道長は天皇と東宮、両方の外祖父《がいそふ》になり、ほぼ永遠に道長家が政権を手放さずに済むわけです。

では、朝廷の他の貴族たちは、敦成、敦康どちらの即位を望んでいたのでしょうか。おそらく多くの人は敦成親王が東宮になることを望んでいたと思われます。なぜかというと、敦康が即位した場合は、道長との関係が悪化し、政治が乱れてしまう可能性があるからです。摂政関白《せっしょうかんぱく》とミウチ関係を持っていない天皇が不幸な目に遭うのは、歴史を見ても明らかです。ならば波風が立たないように敦成を即位させたほうがいい、と多くの人は考えたはずです。心のなかでは道長に反感を抱いている人もいたかもしれませんが、ほとんどの貴族は敦成支持だったと思っていいでしょう。

しかし、一条天皇は敦康親王を東宮にしたがっていました。愛する定子が産んだ第一皇子ですから、そう考えるのは当たり前です。また『栄花物語《えいがものがたり》』を見ると、敦成の母である彰子も、自分の子ではなく「敦康を先に即位させるべきだ」と主張していたと書かれています。定子が亡くなった後、幼い敦康を手元に引き取って我が子のように育てていた彰子には、敦成も敦康もどちらも愛おしくて大切な存在だったのでしょう。『権記』を見てもそういう節が窺《うかが》えます。また、これはどこまで信用していいのかは疑問ですが、『栄花物語』には彰子の弟の藤原頼通《よりみち》（道長の嫡男《ちゃくなん》）も敦康と仲がよく、先に敦康を即位させたほうがいいと言ったと書かれています。

一人で結論を出せなかった一条天皇

こうした状況のなかで一条天皇はさんざん悩みます。当然心のなかでは敦康が望ましいと思ってはいるものの、道長との良好な関係を維持したいという気持ちも捨てきれずにいました。一条天皇にとっては、敦康も敦成も敦良も自分の血を受け継いだ皇子です。三人ともかわいいという気持ちもあったはずです。

また、敦成が天皇に即位した暁には彰子が「国母《こくも》」となって権力を握ることになりますが、それも一条天皇にとって悪いことではありません。敦康が即位した場合は、国母がいない天皇となり、やはり権力基盤も弱くなってしまいます。

悩みぬいた末に一条天皇は「誰かに相談して、アドバイスをもらおう」と思い始めます。一条天皇はあまり自分では決断できない人物でした。とはいえ、もし道長に相談すれば敦成と言うに決まっています。それならば誰がいいのか。藤原実資《さねすけ》に相談することもできたとは思うのですが、実資と一条天皇の間にはかなり距離があります。それで、前年の寛弘七年（一〇一〇）から、かつて側近として自分に仕えていた行成を呼び出して相談することにしたわけです。

このとき行成は権中納言《ごんちゅうなごん》、つまり公卿《くぎょう》の中堅どころの地位に就いていたのですが、本来公卿は天皇に個人的に呼ばれて相談を受けるような立場にはありません。公卿とは年中行事を執り仕切ったり、あるいは陣定《じんのさだめ》に出席して意見を述べるといった、公的な仕事を行なう立場です。天皇の個人的な相談に乗るなどのことは普通はやらないのです。『権記』を見ても、彼が出世して参議《さんぎ》になってからはそれほど面白い記事は書かれていません。一日の記事も短くなっています。天皇との密接な関係が途絶え、宮廷の秘事に関わることもなくなっていたからです。

ただし、これから解説する寛弘八年五月二十七日の記事に限っては、異様に長く、最初から最後まですべて面白い。内容を原文で理解するのは難しいので、ここでは現代語訳を読んでみます。

まず五月二十七日の記事には、一条天皇から呼び出された自分の状況が書かれています。「私は病悩していたのではあるけれども、籠居《ろうきょ》することは便宜《びんぎ》がない」。私というのは行成のことです。体調を崩して休んでいるときに一条天皇に呼びだされたのでしょう。今日は都合が悪いと言って断る手もあったのですが、このとき、すでに天皇には亡くなると

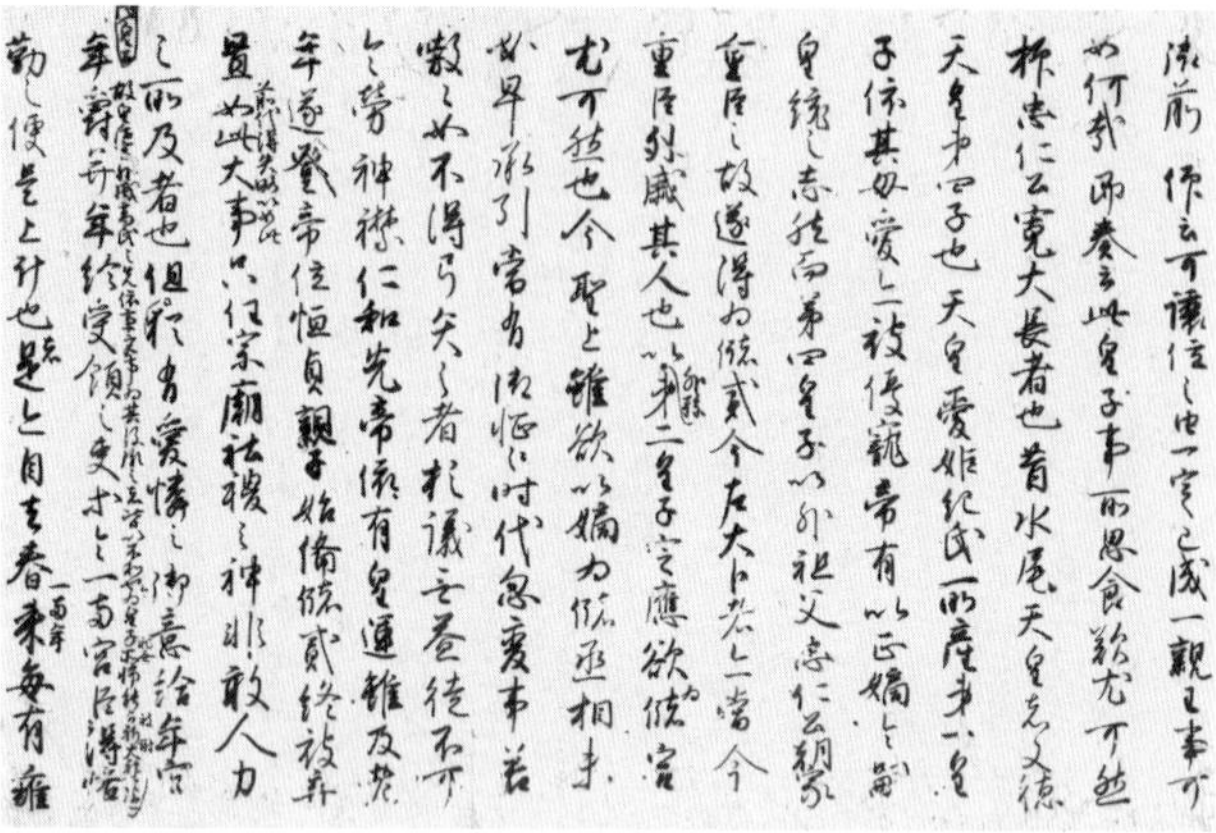

2-8-1.『権記』寛弘八年五月二十七日条(伏見宮本. 宮内庁書陵部蔵)

いう占いが出ていたため、もしものことがあったら大変だと、ひとまず行成は参内します。我慢して内裏《だいり》に参ったとも書いてあります。

「天皇のご病悩を消除《しょうじょ》するために、今日から三ケ日を限って仁王経《にんのうきょう》の不断御読経《ふだんみどきょう》が行なわれる」。不断御読経とは僧がリレー形式で経を読み挙げる法会《ほうえ》のことです。訪れた日は、内裏では病気平癒《へいゆ》を祈願する三日連続の読経が行なわれることになっていたようです。病気で苦しんでいるときに枕元で三日間も経を読まれたら、逆に具合が悪くなってしまいそうですが、当時はそれで病気が平癒すると本気で信じられていました。

「行香《ぎょうごう》が行なわれた。御読経がいまだ始まらない前に、天皇から召しがあった」。これは内裏に来いという意味の「召し」ではなくて、近くに来いという「召し」です。天皇は清涼殿《せいりようでん》(一条院《いちじよういん》内裏の北対《きたのたい》)にいたため、そこに来なさいと言われて参ったというわけです。次に「天皇の御前に行き、おっしゃっていたことには……」とあり、その後に一条天皇が話した次の言葉が続きます。

「譲位するということは決定がすでに行なわれた。一親王《いちのみこ》についてはいかがすべきであろうか」。この言葉の裏側には、道長に対する怒りのようなものが感じられます。もともと一条天皇は重い病に罹《かか》って譲位を希望していたようですが、なんの相談もなく道長が譲位のスケジュールを決めたため、天皇は気を悪くしたのです。本来、天皇の退位や即位は天皇自身が決める専権事項で、大臣が決めるものではありません。文中の「一親王については」の一親王とは、敦康親王のことです。つまり、敦康を次の東宮にすべきか、あるいは東宮にしなかった場合にはどんな措置をとればいいのだろうか、と天皇は行成に尋ねたのです。

敦成親王を次期東宮にしないと政治は乱れる

では、天皇の質問に行成が何と答えたか。

まず行成は「この皇子のことについて思い嘆かれるところは最も当然のことです」と天

皇をねぎらいます。この皇子とは敦康親王です。「敦康親王について嘆かれるのは当然です」と言っているのですが、この言い方には、敦康は東宮になれない——というニュアンスが含まれているようにも感じられます。

次に行成は「そもそも〜」と言って、忠仁公《ちゅうじんこう》の先例を持ち出しながら、今後どうすべきかのアドバイスを始めます。忠仁公とは、道長から見ると五代前の祖先にあたる藤原良房《よしふさ》のことです。良房は皇族以外の人臣としては初めて摂政になった人物です。その当時の天皇は文徳《もんとく》天皇でしたが、じつは文徳天皇も一条天皇と同じような悩みを抱えていました。

文徳天皇は紀静子《しずこ》という更衣《こうい》との間に第一皇子である惟喬《これたか》親王をもうけます。静子を心から愛していた文徳天皇は惟喬親王に皇位を継がせようとしますが、静子は中宮や皇后ではなく、下位の后妃《こうひ》で後見《こうけん》を持たなかったため、結局は惟喬親王を皇太子にすることはできませんでした。

もう一人、跡継ぎの候補に挙がったのが、藤原明子《めいし》と文徳天皇の間に生まれた第四皇子の惟仁《これひと》親王です。明子は忠仁公良房の女です。つまり惟仁親王は良房の外孫《がいそん》にあたります。惟仁親王は、外祖父の良房が朝家《ちょうか》の重臣であるという理由で皇太子となり、やがて清和《せいわ》天皇となります。

この話で行成が一条天皇に何を伝えたかったかというと、「愛した女性が産んだ第一皇子だからといって、必ずしも東宮になれるわけではない。すべては外戚《がいせき》（皇子の母方の親戚）が重要なのだ」ということです。

この話に続けて、行成は「道長が現在の重臣・外戚であります。外孫である第二皇子の敦成親王を定めて儲宮《もうけのみや》（東宮）としようと思われるのは最も当然のことです」と言っています。外戚で権力を有しているのは道長なのだから、道長がその外孫である敦成親王を次の東宮にしたいと思うのは当たり前ではないか――と彼は主張したのです。

さらに行成は「聖上《せいじよう》が正嫡《せいちやく》であることによって第一皇子を儲宮としようと思われたとしても、丞相《じようしよう》はいまだ必ずしもすぐには承引《しよういん》しません」と言います。一条天皇が第一皇子である敦康親王を東宮にしようと言っても、道長は絶対に納得しない、許すはずがないと、いわば脅しをかけているのです。聖上とは一条天皇のことですが、当時天皇のことを聖上と呼ぶことはほとんどなかったことなので、よっぽどあらたまっているのか、何か意味があってそう呼んだのでしょう。

ちなみに、このときの行成は敦康親王家別当《べつとう》という立場にありました。敦康親王を守る立場なのに、あえて敦康ではなく敦成を次の東宮にしなさいと言っているのです。おそらくは、道長とうまくいかない東宮、そして天皇が現れたら、政治は混乱して結果的には敦康親王も不幸になってしまう、それならば敦成を支持したほうがいい――と行成は考えたのでしょう。

さらに行成は一条天皇にこんなことも言っています。「現に御病悩を重くされたならば、時代は忽《たちま》ち変事がもしかしたら嗷々《ごうごう》とするでしょう」。一条天皇が病気で倒れたら、時代はたちまち変わるでしょう。時代が変わるというのは、天皇の代が代わる、譲位が行なわれるという意味です。

その後には「弓矢を得ないようなものであるならば、議において益のないものです」と、少々難しい文が続きます。「弓矢を得ない」の部分を、弓矢沙汰になったら大変だと解釈する考えもあるのですが、奈良《なら》時代ではないですから、皇太子の地位をめぐって戦乱になるということはあり得ません。これはおそらく当時のことわざか何かだと思うのです。「弓、矢を得ないようなものである」は「弓が矢を得ないようなものである」とも読めるので、ここは「弓はあるけれども矢がない」という意味に解していいのかもしれません。弓があっても矢がなければ何も始まらない。弓と矢とは天皇と外戚（道長）のことを言っていると考えれば、意味が通ります。次に「いたずらに神襟《しんきん》を悩ませるわけにはいきません」とありますが、神襟とは天皇のお考えという意味ですから、「天皇を悩ませるわけにはいきません」と言っていることになります。

ここで行成が言ったことをいったんまとめておきましょう。

「摂関《せっかん》政治の原則から見ると、摂政関白は天皇の外戚であることが望ましい。これまでの平安時代の歴史を振り返っても、外戚と天皇が一体化した政権の場合は安定するが、そうでない場合は混乱する。だから道長の孫である敦成親王を次の東宮にすべきだ」。これが行成の主張です。つまり、ここでは次の東宮は敦成親王がいいと考えた「根拠」を語っているのです。

確かにこれはある意味、正しい見解です。実際に平安時代の歴史を見ても、天皇と摂政関白が外戚関係にない時代は政治が乱れています。例えば冷泉《れいぜい》天皇と藤原実頼《さねより》・頼忠《よりただ》、花《か》山《ざん》天皇と頼忠の場合がそうです。他に外戚がいる場合は、天皇はそちらを頼ることになるため、どうしても政治がうまくいかなくなるのです。

即位できるかは天運次第と言いながら

行成は「次の東宮には敦成親王を選ぶべきだ」と主張したものの、一条天皇の心中を想像して気の毒に思ったのでしょう。過去の事例を引き合いに出しながら、こんなことを言っています。

「仁和先帝《にんなのせんてい》は皇運《こううん》があったので老年に及びましたけれども、遂《つい》に帝《みかど》に昇りました」。仁和先帝とは光孝《こうこう》天皇のことです。光孝天皇は五十五歳という当時としては老齢になってやっいのことで、皇太子は敦康親王《あつやすしんのう》、定子の皇子は、初めは皇太子として即位に備えていましたが、終わりには捨て置かれました」と、皇太子になったものの不幸になった例についても触れています。これは承和《じようわ》の変のことを言っています。

さらに「前代の得失《とくしつ》はだいたいこのようなものです。このような大事はただ宗廟社稷《そうびようしやしよく》の神にまかせて、あえて人力の及ぶところではないのです」と続きます。即位するのは無理だと思っていても即位する人もいるし、即位するはずだったのにしない人もある。即位するかどうかは天運次第だ、と。一条天皇を慰めているつもりのようですが、全然慰めにはなっていません。

問題なのは、「宗廟社稷の神にまかせて」というところです。私はこの部分が気になって、二〇〇一年に宮内庁書陵部に行って伏見宮本《ふしみのみや》『行成卿記《ゆきなりきようき》』（『権記』）の原本を調査してみたのですが（原本といっても鎌倉《かまくら》時代初期の写本なのですが）、調べてみたところ、以下の言葉が後で行間に挿入されていることを発見しました。

「但《ただ》しこの皇子については、故皇后宮の外戚である高階《たかしな》氏の先祖は、斎宮《さいぐう》の事件の、その後胤《こういん》の者であることによって、皆、和《やわ》らぐことはないのです。今、皇子の為に怖れるところが無いわけではありません。よく伊勢大神宮《いせだいじんぐう》に祈り謝られるべきです」

この皇子とは敦康親王のことで、故皇后宮とは定子。斎宮の事件とは、伊勢の斎宮であた恬子《てんし》内親王が在原業平《なりひら》と密通したスキャンダルのことです。後胤の者とは子孫という意味です。少し言葉を加えながらこの部分を現代語に訳すと、次のようになります。

「伊勢の斎宮が在原業平と密通してできた子供が高階氏の養子となり、これが師尚《もろひさ》となった。その三代後の貴子《きし》が道隆《みちたか》と結婚して定子が生まれた。そして定子が一条天皇の后になって敦康親王が生まれた」

つまり、敦康は伊勢神宮に仕える斎宮とスキャンダルを起こした業平の血を継いでいると言っているのです。もちろん事実かどうかは不明です。これは『伊勢物語《いせものがたり》』の話に拠っているのですが、『伊勢物語』のこの話も、後世の書き入れである可能性が高いとされています。こんな話を持ち出して行成が一条天皇を説得しようとしたとすれば、かなり悪質です。なぜなら、斎宮と密通した業平の血を敦康が継いでいるのだから、天皇になったならば、伊勢神宮の怒りを買うだろうと言っているわけです。「運次第で皇位が決まる。天運にまかせるべきだ」と行成は言っておきながら、「だけど敦康親王は、伊勢神宮の怒りを買う」と言ったことになるのです。これはひどい話です。

ただし、「この皇子については〜」の部分は行成が当時実際に言ったものかどうかはっきりしません。原本を調査したところ、「斎宮の事」に関する部分だけが、すべて行間に挿入される形で枠外に記されており、行成が書いたのではなく、この部分が後世の加筆である可能性も高いのです（前掲2‐8‐1．『権記』寛弘八年五月二十七日条〔伏見宮本〕で掲げた部分の終わりから三行目です）。

余談ですが、私はこの考えを、二〇〇三年に出版した『一条天皇』（吉川弘文館）という本で発表したのですが、もっと後に何人かの国文学「研究者」が、あたかも自分で調査に行って発見したかのように書いているのを知って、茫然《ぼうぜん》としたことがあります。世のなかにはそういう人たちがいるのですね。

中宮彰子は父親の道長を怨んだ

次に、敦成親王が即位した後の、敦康の処遇について行成が助言した部分です。行成は一条天皇に次のように提案しています。

「それでも愛憐《あいれん》の御意向がおありになるのでしたら、年官《ねんかん》・年爵《ねんしやく》及び年給《ねんきゆう》の受領《ずりよう》の吏を賜い、一、二人の宮臣《きゆうしん》に恪勤《かくご》の便宜を得させれば、これが上策《じようさく》でしょう」「もし哀れみの気持ちがあるのならば、敦康親王に給与の方策を下賜《かし》されてはいかがでしょう」と行成は言っています。年官・年爵とは官職と位階を推薦する権利で、それによって推薦料がもらえます。敦康親王に給与を保証すれば生活には不自由することはないでしょう、というわけです。

さて、その後にも興味深い話が続きます。「後に聞いたところによると、后宮《きさいのみや》が丞相を怨み奉られた」と書かれています。后宮とは彰子、丞相とは道長のことなので、「彰子が父親の道長を怨んだ」ということです。なぜ道長を怨んだのかというと、先ほども少しお話ししましたが、彰子は自分がお腹を痛めて産んだ子の敦成ではなく、敦康を次の東宮にすべきだと考えていたからです。こんな立派な人がいるでしょうか。後世の淀君《よどぎみ》とは大きな違いです。

ただし、政治の原則から言うと道長の選択が正解です。物事を成就させるためには感情に動かされることなく、先例を踏まえたうえで論理的に決断するほうがいいのです。彰子や頼通のように甘いことをやっていると結局はうまくいきません。しかし、道長のこのときの選択は結果的には間違いでした。どう間違いだったのかは後でお話しします。

このとき彰子が道長を怨んだのには、もう一つ理由があります。「この御事情を東宮に伝えるために、天皇の御前から参られた道は中宮の直廬《じきろ》の前だった」。天皇のところから東宮のもとにいく途中に彰子の住む部屋があるのに、なぜ立ち寄って知らせてくれなかったのか、と彰子は道長を怨んだのです。次の東宮の母親ですから、本当なら事前に相談するべきです。しかし、おそらく道長は彰子に相談したら「敦康親王を東宮にしてください」と言うかもしれないと思って、素通りしたのでしょう。

以上が寛弘八年五月二十七日の記事の内容です。この日の最後には、「この間のことは甚だ多かったけれども、子細を記すことができないだけである」とあります。もっといろいろなことがあったけど、細かいことは書けないと言っています。行成としてはもっと書きたいことがたくさんあったのでしょう。

これは想像でしかありませんが、おそらく一条天皇はもっとすごいことを言っていたはずだし、彰子も怨み辛みをより激しく吐き出していたと思います。あるいは道長のほうも、とても後世には伝えられないほど危ないことを言っていた可能性もあります。でも、これぐらいしか子孫には伝えられないということで、この日の『権記』は終わります。

では、東宮に敦成親王を選んだ道長の選択はじつは間違っていた、というのがどういうことなのかを最後に説明しておきましょう。

じつは東宮になれなかった敦康親王は、この七年後の寛仁《かんにん》二年(一〇一八)、二十歳の若さで亡くなってしまったのです。東宮となった敦成親王は即位して後一条《ごいちじょう》天皇として健在なので問題はないように思うかもしれませんが、その後、敦康は怨霊《おんりょう》となって道長の一族を苦しめることになりました。

道長が最も恐れていたように、後一条天皇のもとにも怨霊が襲いかかりました。道長は非常に怖がりだったため『御堂関白記』のなかには書いていませんが、『小右記《しょうゆうき》』には後一条天皇が病に罹ったとき、後一条天皇に敦康親王の霊が現れたと書かれています。

道長自身の運勢も、敦成を即位させて以降、徐々に下り坂になっていきます。寛子《かんし》・嬉《き》子《し》・顕信《あきのぶ》・妍子《けんし》と多くの子供たちに先立たれただけでなく、道長の計画では子の頼通の女を天皇家に入内《じゅだい》させるつもりだったのに、頼通にはなかなか女が生まれませんでした。

それで道長の死後、頼通は養女と女を二人、后に送り込むのですが、二人ともやはり皇子を産まなかったのです。それで五男の教通《のりみち》が二人の女を入内させるのですが、この二人もついに皇子を産むことはありませんでした。それで結局、摂関政治は終焉を迎えることになったのです。

こうした出来事すべてを敦康親王など様々な怨霊が原因と考えるのはナンセンスかもしれません。たまたま運が悪いことが続いただけだともいえます。しかし道長家の人々はすべてを敦康の呪いだと考え、「敦康が早くに亡くなるとわかっていたら、半年ぐらい天皇にしておけばよかった」と、おそらく後悔しながら死んでいったのだろうと思われます。

第九章　平安貴族は何の夢を見たか

信仰の移り変わり

この章は少し趣向を変えて、夢と宗教をテーマに『権記《ごんき》』を読んでみたいと思います。皆さんは夢をよく見るほうでしょうか。「私はほとんど夢を見ない」という方もいらっしゃると思いますが、どんな人も一晩のうちに三、四回は夢を見ています。夢を見ないという人は、それを覚えていないだけなのです。

以前、藤原行成《ゆきなり》は出世を願うあまり、蔵人頭《くろうどのとう》を辞める夢を見たという話をしましたが、『権記』にはたびたび夢の話が登場します。これは『権記』に限ったことではなく、古記《こき》録《ろく》全般にいえることで、藤原実資《さねすけ》の『小右記《しょうゆうき》』や藤原資房《すけふさ》の『春記《しゅんき》』にも夢の話が多く書かれています。とはいっても、行成も実資も資房も、朝起きて覚えていた夢をすべて日記に書いたわけではありません。よほど書きたいときにだけ書く、書くことに意味があると思ったときだけ書いています。

行成の場合は信仰心の篤《あつ》い人だったためか、宗教的な夢を何度も見ています。これは当いる時、夢というものが、神や仏からのメッセージ、お告げとされていたこととも関係していると思っていいでしょう。ここでは宗教的背景と夢の関係性に注目しながら『権記』を読んでみたいと思います。

夢の話に入る前に、まずは、平安《へいあん》時代までの日本の宗教についてお話ししておきましょう。宗教といっても、当時の人々は神祇《じんぎ》と仏教とを分けて考えず、両方を一体のものとして信仰していました。いわゆる神仏習合《しんぶつしゅうごう》というスタイルです。

神祇といっても、神道《しんとう》が成立するのはずっと後の時代です。神祇というのは本来は非常に原始的な信仰で、最初は太陽、その後は巨岩や巨樹などを拝むこと、つまり自然崇拝から始まりました。そのため奈良《なら》時代の終わりごろまでは、伊勢神宮《いせじんぐう》などの例外を除いて、今の神社のような常設的な建築物はほとんどなく、春日社でも平安時代に入ってようやく建物が造られるようになります。

一方、仏教は奈良時代には天皇を中心とした国家を守るための国家宗教として保護されていましたが、平安初期になると個人救済を目的とした宗教も加わってきます。なかでも当時は現世利益《げんせりやく》を願う密教《みっきょう》が隆盛を極めました。現世利益とは生きている間に願望が叶うことを意味します。願望と言ってもいろいろで、普通の人なら健康や長生き、出世ぐらいでしょうか。上級貴族であれば自分の女《むすめ》が后になってほしい、后になったら皇子が生まれてほしい、皇子が生まれたら東宮に立てられて、天皇として即位してほしいといった願望を抱いたはずです。それをお祈りによって叶えてくれるのが密教なのです。密教が日本に本格的に導入されたのは平安初期で、最澄《さいちょう》と空海《くうかい》がそれぞれ延暦寺《えんりゃくじ》と東寺《とうじ》を拠点に教えを広めていきました。平安貴族たちは、ことあるごとに僧を呼んで加持祈禱《かじきとう》をしてもらっていました。

やがて平安中期になると、浄土《じょうど》信仰というものがまず文人貴族のあいだで流行し始めます。浄土信仰は、密教のように現世利益を求めるのではなく、来世《らいせ》に望みを託す宗教です。出世しようと思っても出世できない。長生きしようと思っても病気になる。自分の子供が后になるなんてあり得ない。そういう現世に望みを持てなくなった文人たちが、現世での望みを捨てて、来世で幸せになればいいじゃないか、と願うというのが浄土信仰です。かといって高い身分に生まれ変わるという話ではなく、来世で極楽《ごくらく》浄土に往生《おうじょう》するのが浄土信仰の発想です。

十世紀も終わり頃になると、浄土信仰は上級貴族にも広がり始め、摂政関白《せっしょうかんぱく》でいうと、藤原兼家《かねいえ》や藤原道隆《みちたか》たちも浄土信仰に熱中します。藤原道長《みちなが》になると完全に浄土信仰に没頭していきます。道長や行成の時代は、ちょうど貴族たちの信仰が、密教に浄土信仰が加わる端境期《はざかいき》にあたります。その頃を境に、高い身分の人の多くも、現世だけではなく来世の幸福を願うようになっていったのです。

行成はかなり熱心な浄土信仰の信者だったという話は先にしましたが、じつはもともとは熱心な密教信者、それも不動明王《ふどうみょうおう》の信仰を持っていました。そのため『権記』には、密教から浄土信仰へ、どんなふうに自分の信仰心が移っていったのか、自らの宗教的転身の様子が、夢を基軸にしながら詳しく書かれています。

腸のなかに文字が浮き出る

まずは行成が密教に深く傾倒していたことがわかる長徳《ちょうとく》四年（九九八）七月十六日の記事です。

このとき行成は、大病を患って寝込んでいました。「昨夜、橘惟弘《これひろ》一人だけが私を看病していた」。橘惟弘とは行成の家司《けいし》にあたる人物で、行成の身の回りの世話をしていました。「惟弘もこの何日か病を患っていた」とあるので、このときは行成だけでなく惟弘も病を患っていたことがわかります。「今朝の暁《あかつき》、庭の様子を見ようと東簀子《ひがしすのこ》に出、部屋に帰り入ってしばらく脇息《きょうそく》に身をもたげていたとき、心身不覚になった。惟弘を引き寄せ、膝枕《ひざまくら》をしていた。既に悶絶《もんぜつ》した」。心身不覚になり悶絶した、ということは気を失ったのだと思っていいでしょう。このときに夢のようなものを見たと行成は書いています。

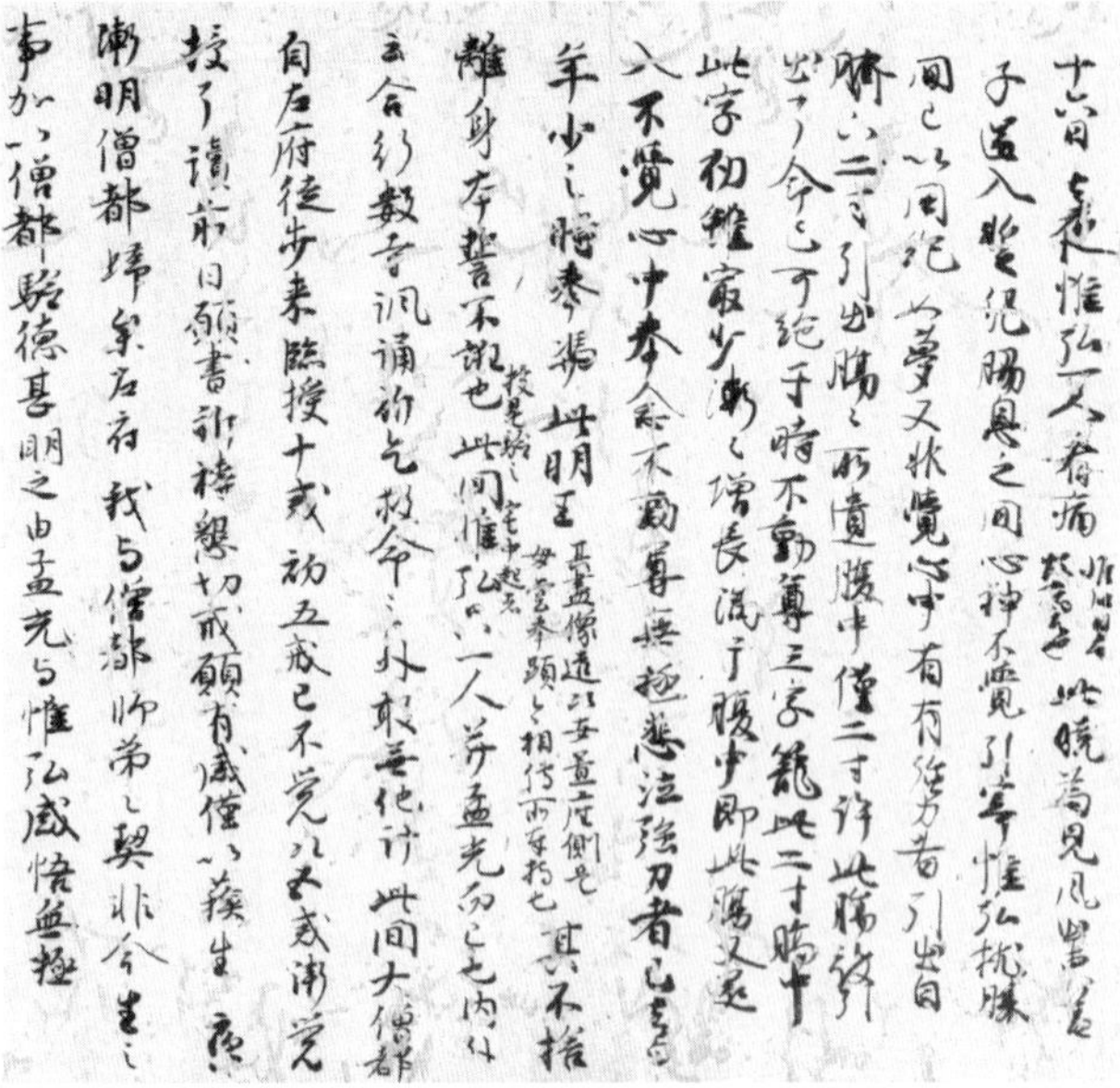

2-9-1.『権記』長徳四年七月十六日条（伏見宮本. 宮内庁書陵部蔵）

「夢のようでもあり、また目覚めているわけでもなかった。心中に顧みると、強力《ごうりき》の者がいた」。ここに書かれている強力の者とはいったい何者だったのでしょう。力の強い者といえば相撲人《すまいびと》がイメージされますが、もしかすると肉体的な力ではなく、宗教的な力を持った人という意味なのかもしれません。続けて「私の臍《へそ》の下二寸、そこから腸を引き出した」とあります。なんとも怖い夢です。行成はおそらくお腹が痛かったので、こういう夢を見たのでしょう。

「腸の残るところは腹中わずか二寸ほどとなった。残りの腸を引き出されてしまったならば、私の命は絶えてしまうだろう」。当時の人々が人間の腸の長さを知っていたとは思えませんが、嵯峨《さが》の清涼寺《せいりようじ》の三国伝来の釈迦如来像《しやかにょらい》の胎内から内臓の模型が出てきたことからすると、中国ではすでに知られていたようです。もしかすると行成も中国の書物を読んで知っていたのかもしれません。腸というのは長いのですが、二寸だけ残して後はすべて引き出されてしまったと書かれています。そのままだと命を失うはずなのに、行成は意外にも冷静に自分が置かれた状況を分析しています。

続けて不思議なことが起こります。「そのとき『不動尊《ふどうそん》』という三文字が、残った二寸の腸のなかに生じた」。なんと腸のなかに「不動尊」という字が浮き出てきたのです。「この字は初めは小さかったが、だんだん増長して腹のなかに満ちた。すると私の腸はまた還り入った」。すごいことが起こりました。「不動尊」という字が大きくなると同時に、いったん引きずり出された腸がまたなかへなかへと入ってきて、お腹のなかに無事収まったのです。「思わず心のなかで不動尊を念じ奉った。悲泣《ひきゆう》することは極まりなかった。強力の者はすでに去った」。心のなかで不動尊と唱えたら、腸を引きずり出した人はどこかに消えた、と書かれています。

にわかには信じられない話ですが、現実ではなく夢の世界の話です。おそらくお腹が痛いという状況と、日頃から不動明王を篤く信仰していたことが、彼にこうした夢を見させたのでしょう。ただし、普通に考えれば不動明王は仏像の姿で出てくるはずです。それなのに「不動尊」という文字が出てきたところが行成らしいですね。行成は字を書くのが非常に得意だったので、「不動尊」が仏の姿ではなく文字として現れたのです。

記事の最後は「私は年少の頃からこの不動明王を信仰している。そこでこの験《しるし》を授けてくれたのである」という不動明王への賛美の言葉で締めくくられています。全国のお不動さんは、『権記』をコピーしてどこかへ張っておくと、かなり宣伝になるかと思います。

不動明王が登場する不思議な夢

次は、長保《ちょうほう》五年(一〇〇三)五月八日の記事を読んでみます。このときはすでに行成は出世して参議《さんぎ》になっています。この日、彼は二回、夢を見て、二回とも日記に書いています。連続して二つの夢を見て、どちらの夢も覚えているというのは普通あり得ないので、一回目の夢を見た後に一度起きて、再び寝て二度目の夢を見たということなのでしょうか。ただし、行成は人一倍頭が良くて優秀だったので、連続して見た夢を記憶できた可能性もありそうです。二つの夢のなかから、ここでは二回目の夢を紹介します。

「その後、また夢を見た。私のために新たに不動尊を造り奉った」。夢のなかで不動明王の仏像を造顕《ぞうけん》したと書かれています。「その前を過ぎようとすると不動尊は私を召し寄せた」。行成の作った不動明王像が「行成、行成、ちょっとこっちにこい」と言って招き寄せたのです。「私はすぐに頭を垂れて近く候じた。おっしゃったことには、『はた』と言え」。行成が頭を垂れて不動の前へ行くと、不動は行成に「『はた』と言いなさい」と命じます。

この「はた」の意味がよくわかりません。原文では「者」と「多」という字を書いて、

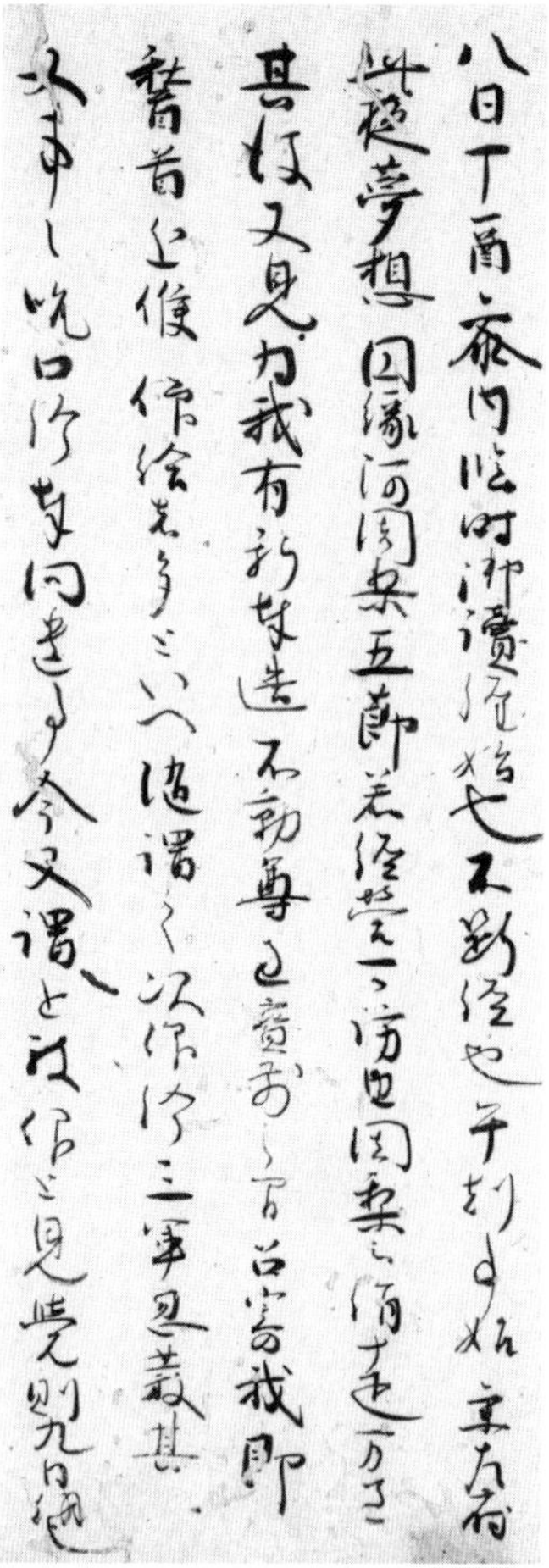

2-9-2.『権記』長保五年五月八日条（伏見宮本. 宮内庁書陵部蔵）

「幡《はた》」だとすれば、仏像の上から掛ける布のようなものを指しているようにも思えるのですが、何かの呪文を意味している可能性もありそうです。

行成が「はた」と声に出して言うと、それを聞いた不動は「三軍《さんぐん》（大軍のこと）が忽ち発し、その□はまた事々の呪《しゅ》を口になさった」と言います。何か呪文を言ったと不動が言ったのです。「それは何ですか」と行成が尋ねると「今にまた、謂《い》う」と不動明王は答えて、そこで目が覚めたと『権記』には書かれています。中途半端な夢ですが、夢というのはだいたい、いいところで覚めてしまうものです。

空から自分を連れ去ろうとする者に抗する

最後にもう一つ、その二年後、寛弘《かんこう》二年（一〇〇五）九月二十九日に書かれた記事を読んでみます。この日の記事には行成が密教から浄土信仰へと移行していく様子が描かれています。なかなか衝撃的な夢です。

「夜の夢に東対《ひがしのたい》の東廂《ひがしびさし》のようなところに人々がいるうちに、東の方を見ると南北に細い雲が立っている。雲の上に火がある」。東対、東廂、東の空を見る――なぜかすべて東の方角にこだわっています。そして、東に走る南北に細い雲を眺めると、雲の上に火が見

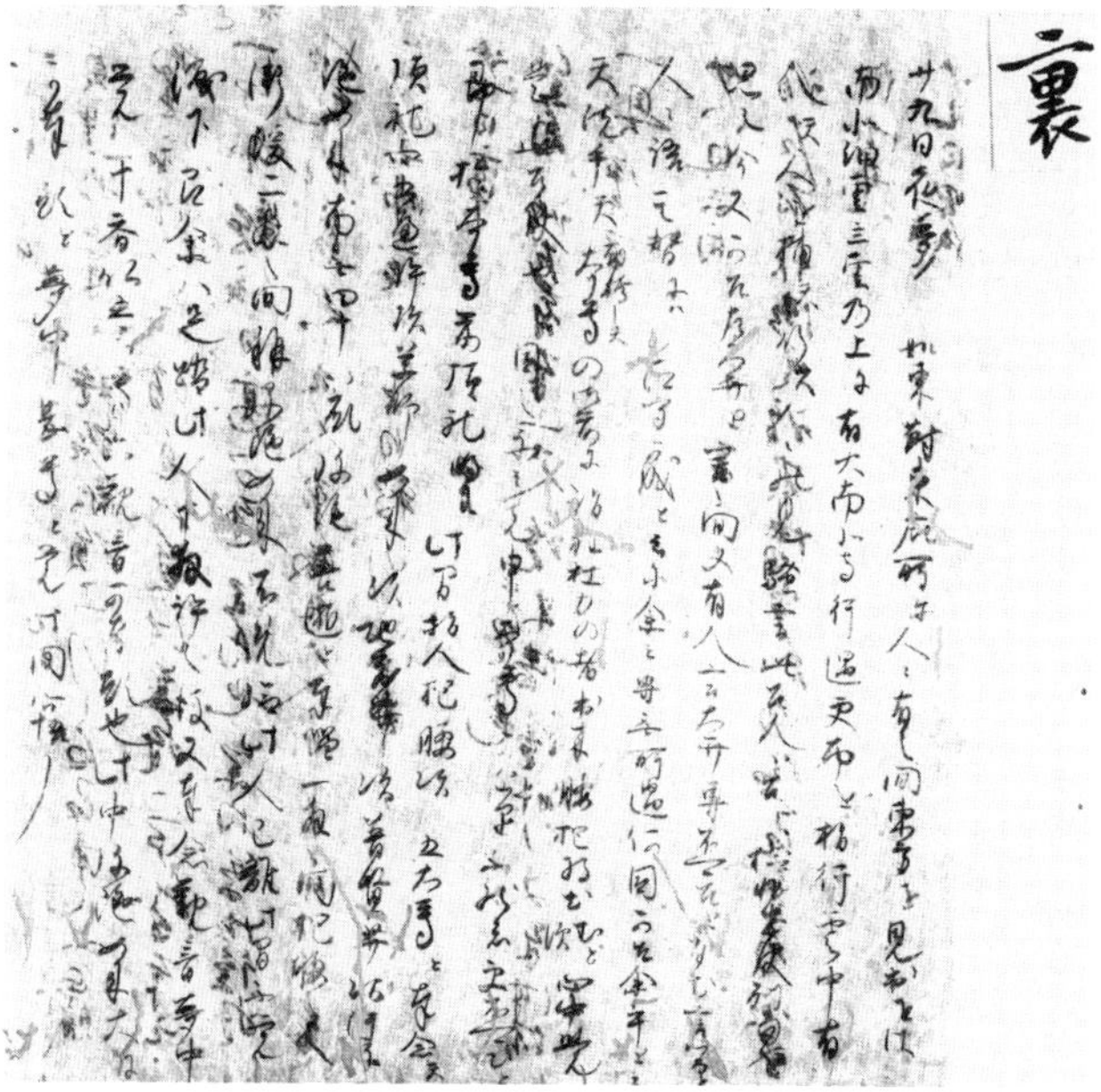

2-9-3.『権記』寛弘二年九月二十九日条裏（伏見宮本. 宮内庁書陵部蔵）

えたと書かれています。太陽が雲を赤く染め上げて、火のように見えたのでしょうか。しかし方向は東ですからね。明け方でないとそんな風景は見られません。

「南北に行き会い、さらに南を指して行った」。ここは雲が北から南へ流れていく様子が表現されていると思っていいでしょう。その後が衝撃的です。「そうしたところ、雲のなかに人がいて、人を捕らえていく」。これは怖いですね。雲のなかの人が地上の人間をどう捕らえようとしたのかは不明ですが、襲来したＵＦＯが人を吸い上げていくＳＦ映画のようなイメージが頭に浮かんできます。「人々はそれを見て、騒いで言った」。そんなことが起こったら、それは皆、大騒ぎするでしょう。

「誰を連れていくんだろうと思っていると、あの人が連れていく人は、『検非違使別当《けびいしべっとう》の藤原斉信《ただのぶ》を捕らえよう』と思っているのである」。このときに雲のなかの人が捕らえようとしている斉信とは、行成より少しだけ官位が上の人です。少し上というのが重要なポイントで、少し上の人がいなくなると行成の地位が一つ上がるわけです。なかには超越《ちょうおつ》と言って、序列を飛び越えて一足飛びに出世する人もいますが、それは道長の一族だけで、普通は一つずつ昇進していきます。おそらく自分では意識していなくとも、行成のなかには早く出世したいという願望がどこかにあったのでしょう。それが夢という形で現れたのだと思います。

続けて「ところが、その人は今はまた、左大弁《さだいべん》行成を連れていくに違いない」と誰かが言ったと書かれています。左大弁行成とは自分のことなので、それを聞いた行成は、「なぜ私なのだ」と驚きます。しかし、その後に誰かが言った言葉で行成は救われます。「また人が言ったことには、『行成はまったく連れていってはならない』と言っていた」。これはおそらく自身の心理の反映だと思います。ある人が「きっと行成を連れていくだろう」

と言ったら、違う人が「いや、行成を連れて行ってはいけない。あれは必要な人だ」と反論しているわけです。たぶん行成は自分でそう思っているか、あるいはそう言ってほしいと思っていたに違いありません。

さらに誰かがこう言います。「その代わりに近江守《おうみのかみ》を連れていくだろう」。突然、行成の代わりとして名前が上がった近江守とは藤原兼隆《かねたか》のことです。この人は行成より位が下で、行成を追い越して出世する可能性はほぼない人物です。なぜ兼隆の名前がいきなり出てきたかはわかりません。なにか兼隆に対して、思うところがあったのでしょうか。

さて、このままだと斉信と行成と兼隆の三人のうちの誰かが、連れて行かれることになります。なんとしてでも地上に残りたいと考えた行成は、「私にはまったく過ちはない」と抗弁します。そして「どういうわけで私を連れていこうとするのか」と雲のなかの人に尋ねます。

普通の夢なら、このあたりで目が覚めてもよさそうですが、まだ夢は続きます。行成は手を洗い、布袴《ほうこ》を着ます。水で禊《みそぎ》をし、正式な格好に着替えたのです。行成は真面目で几帳面な性格だったので、夢のなかでもちゃんと着替えているのです。

身だしなみを整えて何をしたのかというと、「本尊《ほんぞん》不動明王の御前に詣でた」とあります。またもや不動明王にお願いすることにしたのです。雲のなかの人に捕まえられるのを阻止したいというのは、まさに現世利益《げんせりやく》。だから即物的な願いを叶えてくれる密教の不動明王に祈ったのです。

「そうしたところ、杖刀《じょうとう》を帯びた者が出てきた」。杖刀というのは、その名のとおり武器としての杖と刀のこと。それを持った人が何をしたのでしょう。「私の腰を抱えて持ち去ろうとする。私が心中に思ったことには、これは私を連れ去る使者である」。その男は行成を連れ去るために現れた使者で、行成を抱えてどこかに連れ去ろうとしていたのです。男に向かって行成はこう言います。

「まず本尊に申して進退《しんだい》してほしい。そうでなければまったく私を連れ去ることはできないはずだ」。私を連れ去るのだったら、本尊である不動明王に許可をとってからやってほしい。私も不動明王にお願いするから——と言ったのです。男はそれを聞き入れ、まずは行成が不動明王と対峙することになります。

「本尊の不動明王の前において頂礼《ちょうらい》した」。頂礼というのは頭を床につけて、足元を拝する最上級の礼の仕方のことです。行成はひざまずいて、不動尊の足のところに頭をつけてお祈りを始めます。「その間、その人は私の腰を抱えていた」。この部分の記述はなんだか変ですね。腰を抱えられた姿勢のままでは、ひざまずくことも不動の足元にひれ伏すことも不可能です。まあこれは現実ではなく夢のなかの話なので、細かい矛盾にこだわることはないかもしれません。

なお、『権記』の伏見宮本《ふしみのみや》では、紙背《しはい》に「裏」と書いたうえで、この夢の記事のみを記録しています。もともと行成はこの夢の記事を具注暦《ぐちゅうれき》の紙背に裏書《うらがき》として記録したのでしょう。

不動明王よりもパワーを持つ阿弥陀如来

夢の話はまだまだ続きます。「次に私は五大尊《ごだいそん》を念じた」。行成は不動明王のパワーだけでは不安だったのか、不動尊の周りを囲んでいる四体の仏(降三世明王《ごうざんぜみようおう》、軍荼利明王《ぐんだりみようおう》、大威徳明王《だいいとくみようおう》、金剛夜叉明王《こんごうやしやみようおう》)にも祈りを捧げます。

「五大尊を全部念じた。頂礼すること四、五遍ばかり」。五つの仏に対してそれぞれ四、五回、頭を下げて祈ったのです。ところが、行成を連れ去ろうとやってきた使者は消えることなく、相変わらず行成の腰を抱えたままそこにいます。それを知った行成は、不動明王を含む五大尊すべての力を借りても無理だとわかって、作戦を変更します。なんと不謹慎にも密教以外の他の仏を頼ることにしたのです。このときがおそらく、行成の宗教的な変化を象徴する転換点だろうと、平安時代史研究の大家である黒板伸夫氏はおっしゃっています。

他の仏として、まずは薬師如来《やくしにょらい》が登場します。なぜ薬師如来なのかはよくわかりません。薬師如来とは薬瓶を持っているのを見てもわかるとおり、病気を治す仏です。それなのになぜか目の前に現れた。続けて地蔵菩薩《じぞうぼさつ》、普賢菩薩《ふげんぼさつ》が登場しますが、これも理由はよくわかりません。知っている仏をただ順番に並べただけのような気もしますが、何か行成なりの理由があったのかもしれません。そして最後に浄土信仰の本尊、阿弥陀如来《あみだにょらい》が登場します。

このとき行成は夢のなかで阿弥陀如来と出会ったことになっていますが、じつは阿弥陀如来と「夢」には意外な繋がりがあります。平安の終わり頃、「来迎図《らいごうず》」というものが流行りました。来迎図とは、阿弥陀如来が他の仏たちや楽隊を従えて浄土から飛んでくる様子を描いたものです。阿弥陀如来が臨終を迎えた人を雲に乗せて浄土に去っていくのです。当時、浄土信仰の信者の家では、臨終の人の枕元にこれを掛けておくのが慣例となっていました。なぜそんなことをするかというと、その図を見ながら亡くなると、臨終の瞬間の夢にその図が出てくるからです。それで「ああ、お迎えがきて私は極楽浄土に召されるのだ」と安穏な気持ちで死ぬことができると、当時の人たちは考えたのです。

亡くなる直前に夢を見るというのは脳生理学でも証明されていることで、人間は死ぬ直前、脳内麻薬物質エンドルフィンが大量に出て幻想を見るそうです。実際に臨死体験をした人のほとんどの人が夢を見たと言っています。日本人の場合は川の向こうにすでに亡くなった親族がいて、その人から「まだ早いから帰りなさい」と言われて、生き返ったというケースが多いようです。

『権記』に話を戻しましょう。行成は夢のなかに現れた阿弥陀如来の前で「南無《なむ》四十八《しじゆうはち》願弥陀善逝《がんみだぜんせい》」と唱えます。この時代の阿弥陀信仰（浄土信仰）はまだ難しく、極楽浄土に往生するためにはいろいろと経を唱える必要がありました。後世になるとだんだん簡単になってきて「南無阿弥陀仏《なむあみだぶつ》」、阿弥陀仏は最高である、と一回唱えるだけで阿弥陀如来が浄土に連れて行ってくれるという信仰に変化します。鎌倉《かまくら》仏教が民衆に急速に広まったのはそうした理由がありました。鎌倉時代に入ると、「南無阿弥陀仏」でなくても「南無妙法《なむみようほう》蓮華経《れんげきよう》」、つまり法華経《ほけきよう》は最高である、と言ったらそれで大丈夫、あるいは座禅《ざぜん》を組んで坐っていればいい、といったように宗教がどんどんわかりやすくなり、儀礼も簡素化されていったため、仏教が民衆にとって身近なものとなったのです。

行成は、阿弥陀の前でもう一回、「南無四十八願弥陀善逝」と唱えたことになっています。一回お辞儀をしたら腰を抱えていた男は手を緩めてきた。すぐ効果が出たのです。そして二回お辞儀をすると、男はついに行成を解放します。不動明王には何度祈っても叶わなかったことが、二回、「南無四十八願弥陀善逝」と唱えただけで叶ってしまったのです。

「この間、私は不覚にも涙が下った」。解放された行成は、阿弥陀様はなんて素晴らしいのだろうと、嬉し涙を流しています。そしてその後に「そこで私は足でもってこの人（行成を連れて行こうとした使者）を踏んだ」とあります。『古事談《こじだん》』の説話を信じるならば、冠を落とされても腹を立てなかったほどおとなしくて寛大だった行成が、空から降ってきた人を足で踏んづけているのです。一見おとなしいように見えて、行成のなかにじつは暴力性が潜んでいたことが、この行動からわかります。

行成の夢は平安社会の「象徴」

話を先に進めましょう。「十拝ほどする後、また観音を念じた。夢の中で十斎仏《じっさいぶつ》、五大尊《ごだいそん》、六観音《ろくかんのん》の像を造らなければならないと思った。これらのなかで、阿弥陀如来を立派に造るべきである」。行成は言葉に出した仏像を全部造ろうと考えますが、そのなかでも特に阿弥陀如来を立派に造るべきだと言っています。「夢のなかで、はなはだ尊いと思われた」。阿弥陀如来こそが本当に尊い仏だと思ったわけです。そして「この間、夢から覚めた」という言葉でこの日の記事は終わっています。

それにしても、こんな長いストーリーの夢を行成はよく覚えていたなと思います。やはりよほど頭がよくて論理的、言語的（左脳的）なのでしょう。

じつは行成はこの夢を見る三ケ月前の六月七日に、岩倉《いわくら》にある観音院《かんのんいん》という寺に不動尊像を作って奉納しています。不動尊を奉納するということは、三ケ月前まではまだ密教を信仰していたことになるのですが、その日の記事には、「今日からは阿弥陀如来に帰依《きえ》する」と書いてあるのです。そして九月にこの夢を見るわけです。さらに翌年四月には、夢のなかで誓ったことを実行して、等身《とうしん》金色阿弥陀仏を自分が建立した世尊寺《せそんじ》という寺に安置しています。こうした行成の行動の変化を見ても、ちょうどこの頃が、彼が密教の不動信仰から阿弥陀信仰へと信仰を移す転換期だったことがよくわかります。

『権記』の話題からは離れてしまいますが、私には『更級日記《さらしなにっき》』も同様に、夢を基軸に信仰の変遷を綴っている作品と思えてなりません。『更級日記』のなかには幼い頃から『源氏物語《げんじものがたり》』ばかり読んでいる女がある日、「法華経を読め」という僧が出てくる夢を見たと書かれています。彼女は最初のうちは夢を無視して経を読まずにいるのですが、だんだん年を取ってくるとお寺参りに行くようになります。しかし経は読まないで、母を代わりにお寺に行かせたりしています。さらに年を取ってきて宮仕えを辞めたり、夫と死に別れたりと、様々な人生の岐路があった後に、彼女はまた不思議な夢を見ます。庭に阿弥陀如来が立っている夢です。それで彼女は阿弥陀様が自分を浄土に連れていってくれるのかと思っていると、阿弥陀如来は「また後で迎えに来ます」とだけ言って去っていく——というところで、『更級日記』は終わります。

そうやって夢を基軸に読んでいくと、『更級日記』のストーリーには作者の信仰の変遷が語られているように思えてきます。ただし、実際に作者の菅原孝標女《たかすえのむすめ》がそういう夢を見て、その都度、夢日記を書いたとは思えません。かなり後になってまとめて書いた可能性が高いとも思います。阿弥陀如来の夢も本当に見たかどうかはわかりません。空想小説かもしれないのです。一方、行成の『権記』はおそらく本当に見た夢を書いています。だからこそ夢の内容によって行成自身の信仰の変遷がわかるし、さらにそれは平安貴族社会の宗教史を象徴している動きとしても捉えられるのです。

第三部　共有財産としての日記

――藤原実資『小右記』を読む

第十章　日記に見る実資の大望

日記が権力の源泉となる

最後に『小右記《しょうゆうき》』を読んでいきましょう。『小右記』は藤原宗忠《むねただ》が記録した院政《いんせい》期の『中右記《ちゅうゆうき》』、藤原定家《さだいえ》が記録した平氏《へいし》政権期から鎌倉時代の『明月記《めいげつき》』と並んで、日本を代表する三大古記録《こきろく》の一つとされています（残念ながら『御堂関白記《みどうかんぱくき》』『権記《ごんき》』はそうではありません）。『小右記』は藤原実資《さねすけ》の日記で、実資は後に小野宮右大臣《おののみやうだいじん》と呼ばれたことから、彼の日記は『小野宮右大臣記』となり、それが縮まって近年は『小右記』と呼ばれるようになりました。『野府記《やふき》』とも呼ばれていました。

まず、この日記の記主《きしゅ》である実資とはいかなる人物だったのでしょうか。実資は天徳元《てんとく》年（九五七）、藤原斉敏《ただとし》の四男として生まれ、その後、祖父である関白《かんぱく》藤原実頼《さねより》の養子となりました。名門の出であるうえに才能もある、しかも人柄も素晴らしいということで、円《えん》融《ゆう》、花山《かざん》、一条《いちじょう》と三代の天皇のもとで蔵人頭《くろうどのとう》を務めます。当時の天皇家は冷泉《れいぜい》系と円融系に分かれていて、天皇の位を交互に嗣《つ》ぐことになっていたので、二つの皇統の両方に仕えたことになります。

蔵人頭は天皇の側近なので、皇統が変わればそれまでと別の人が任命されるのが常です。にもかかわらず、実資は円融から花山へ、花山から一条へ、皇統が変わってもずっと蔵人頭であり続けました。それだけを見ても、いかに彼が歴代の天皇たちから厚く信頼されていたのかがわかります。

実資はかなり若い頃から「儀式の権威」としての地位を確立していましたが、これはひとえに養父である実頼の日記をすべて受け継いでいたからです。彼は誰かに儀式について聞かれると、実頼が残した『清慎公記《せいしんこうき》』などの日記を引っ張り出して教えていたようです。ちなみに養父の実頼は儀礼に非常に詳しく、『清慎公記』には宮中の儀礼や慣習に関する記事が多く書かれていたとされています。

しかし、実資は誰にでも分け隔てなく教えたわけではありません。儀式について書き出

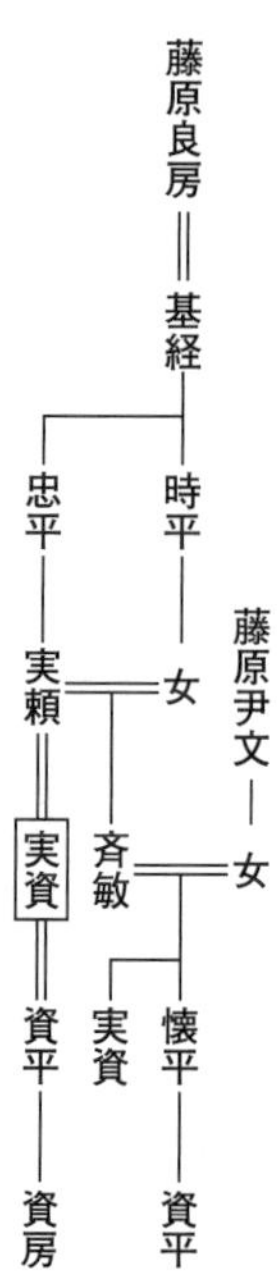

したメモ（懐紙《かいし》や笏紙《しゃくし》、短紙《たんし》など）を持っていても、相手によっては「今日は持っていません」と嘘をついて見せないこともありました。有益な情報を、仲の良い人、教える価値のある人には教えるけれど、伊周《これちか》とか仲の良くない人、顕光《あきみつ》など教える価値のない人には教えない。つまり、これは儀式を通じて一種の権力を手にしたことを意味します。当時は儀式の先例をどれだけ知っているかが公卿《くぎょう》の一つの評価基準でした。頭の良い実資はそれをわかっていて、権力獲得の戦略として使ったのです。

実資は蔵人頭を長く務めた後、永祚《えいそ》元年（九八九）に参議《さんぎ》に就任し、公卿の一員になります。そして長徳《ちょうとく》元年（九九五）に権中納言《ごんちゅうなごん》、長徳二年（九九六）に中納言《ちゅうなごん》、長保《ちょうほう》三年（一〇〇一）に権大納言《ごんだいなごん》、寛弘《かんこう》六年（一〇〇九）に大納言《だいなごん》になりました。権中納言になったのは三十九歳のときなので、当時としては早いといえば早いのですが、藤原道長《みちなが》や藤原頼通《よりみち》に比べるとかなり遅いのです。道長は三十歳で政権を握り、その子の頼通も二十六歳で大臣、そして摂政になっています。自分のほうが藤原氏の嫡流《ちゃくりゅう》だと思っていた実資の心情は複雑だったことでしょう。

その後、実資はさらに出世して、治安《じあん》元年（一〇二一）についに右大臣となります。このとき実資は御年六十五歳、当時でいうとかなりの老人ですが、昔は定年という制度はないので、以後二十五年間、九十歳で亡くなるまで右大臣を続けます。

右大臣になってからは道長と二人で共同して政務を行ないました。道長は寛仁《かんにん》元年(一〇一七)に頼通に政権を譲りますが、「大殿《おおとの》」として政務に介入し続けたので、その後も実質的には道長政権が続いていたと思っていいでしょう。しかし、やがて道長が亡くなると頼通の時代が到来します。頼通はあまり儀式に詳しくなく、父親の日記『御堂関白記』を見ても、儀式についてはほとんど詳しいことは書いてありません。

それで頼通は、実資にほぼすべてを頼りました。実資は聞かれたことは何でも教えてあげました。だから頼通にも非常に頼りにされて、その後は頼通と実資の二人三脚で政務を行なうことになります。

こうして道長と頼通の右腕として重要な働きをした実資ですが、彼には男子が生まれませんでした。そこで兄の懐平《かねひら》の子である資平《すけひら》を養子にします。他にも何人か養子にしていますが、最終的には資平を後継者(嫡養子《ちゃくようし》)に選びます。この資平の子が資房《すけふさ》です。『小右記』を書いたのは実資ですが、後でお話しするように、資平・資房の協力のもとに『小右記』を集大成したといってもいいでしょう。

実資は六十年以上、日記を記し続けた

では実資が書いた『小右記』とはどんな日記なのか。現在『小右記』の写本として残っ

ているのは天元《てんげん》五年（九八二）からなのですが、逸文《いつぶん》が非常に多くて、他の本に引用された記事がたくさんあります。現在、見つかっている逸文のなかで最も古いのは、貞元《じょうげん》二年（九七七）、彼が二十一歳のときの記事です。しかし、おそらくその前から書いていたと思われます。一定の地位に就くと日記を書き始める人が多いことからすると、彼は天延《てんえん》二年（九七四）、十八歳で右少将《うしょうしょう》に任じられていますので、その頃から書き始めたのではないでしょうか。道長が三十歳でやっと日記を書き始め、その後中断し、連続して書くようになったのはその数年後だったことを思うと、これはかなりすごいことです。

写本のかたちで現存している『小右記』としての最後の記事は長元《ちょうげん》五年（一〇三二）、七十六歳のときのものですが、これもその後の逸文が残っていて、長久《ちょうきゅう》元年（一〇四〇）、八十四歳のときに書かれたものが最後です。つまり、少なく見積もっても二十一歳から八十四歳まで、六十三年間も日記を記録し続けていたことになります。それだけでも感心しますが、一日の記事が非常に長く、活字本にすると一日で十頁ぐらい書いている日もあります。普通の人はこんなに書けません。なぜこんなに彼がたくさん書けたかは、後ほど詳しくお話しします。

いずれにしても、『小右記』ほど当時の政務、王権や儀式の詳細な様相を記録したものは他にありません。摂関《せっかん》期を知るうえでは最も重要な史料といっていいのです。これがなければ、我々は『御堂関白記』や『権記』を基に考えるしかありません。しかし、どれも『小右記』ほど当時の政務の様子や儀式の中身は詳しく書かれていません。『小右記』の記述は驚くほど詳細で精確なのです。

とはいえ、『小右記』が完璧で、これさえ読めば摂関期の政務や儀礼のすべてがわかるかと言えば、残念ながらそうではありません。天元五年から長元五年までの期間の日記が残っているとはいっても、一年間すべての月が通しで残っている年が八年分しかないからです。なかには一年分すっぽり抜け落ちている年もあります。広本《こうほん》といって抄略《しょうりゃく》せずにそのままの記事を残しているものでいうと、一年間すべての月が広本で残っているのは、たった二年分しかありません。

なぜこうなったかというと、あまりに記事の分量が多く、道長の『御堂関白記』のように一年が二巻に収まらず、一年が複数巻(おそらく一年で四巻程度)になってしまったからです。それが後世、巻ごとに人に貸し出されたりするうちに、いつの間にか多くの巻が失われてしまったのだと思われます。

また、現存しない巻は、子孫が誰かに売ってしまったと考えられています。不幸なことに、実資の家は最初は重要な日記を持つ家、儀式を伝える家として尊重されてはいたものの、徐々に没落していきます。それで下の世代になると先祖の『小右記』を人に貸したり、あるいは売ったりすることになったと考えられるのです。

実資は「部類記」を作ろうとした

先に、平安《へいあん》時代の日記とは多くの人に見せるために書くものではなく、自分の子孫に自分が経験した政務や儀式を伝えるために書くものだった――という話をしましたが、実資の場合は、子孫や他の貴族が過去の儀式の先例を調べやすくなるように、単なる日記を残すのではなく、部類記《ぶるいき》を作ろうとしていたようです。部類記とは、ある儀式の記事だけを抜き書きしてまとめたもののことです。これがあると、儀式のやり方を調べるときに非常に便利なのです。

当時の貴族社会では、毎月様々な年中行事や儀式が非常に多く行なわれていました。また、臨時の政務や行事も数多く行なわれました。例えば正月だと一日は元日節会《がんじつせちえ》、七日には白馬節会《あおうまのせちえ》を必ず行ないます。三月三日の桃の節句、五月五日の端午《たんご》の節句、七月七日の七夕は現在もやりますが、九月九日の重陽《ちょうよう》の節句なども昔は普通にやっていました。そんな多くの儀式や行事について書かれた日記のなかから、目的の儀式の記事を探すのは一苦労です。

例えば天皇の行幸《ぎょうこう》をどう行なえばいいのかを調べるとしましょう。年によって行幸のあった年もあればなかった年もあります。詳しく書かれた年もあれば、要点だけしか書かれていない年もあるので、手に取った年の巻に詳しく書かれていない場合は、開いた巻物を再び巻き戻して、他の年の巻物を探すということを繰り返さなければなりません。時間がかかって厄介です。ましてや『小右記』は一年で四巻もあるため、行幸について書かれた場所を探すだけでも大変です。しかし、行幸の記事だけを一つにまとめた巻があれば、簡単に調べることができますよね。

実資は生前すでに、養子の資平とその子供の資房と一緒に、部類記の制作にとりかかり始めていたようです。では、どうやって部類記を作るのか。それは元の『小右記』の記事をばらばらに切り刻んで儀式ごとにまとめ、それを貼り継いでいくわけです。とはいえ日記は六十数年分もあるため、すべての記事をいちいち読んでいたら時間がいくらあっても足りません。そこで実資たちは、ざっくりと読んで、その日の記事にはどんなことが書かれているのかを「何々の事」と端的に記したインデックスを作ったのです。これを私たちは「首書」と書いて「くびがき」あるいは「しゅしょ」と呼んでいます。実際に『小右記』の原本の写真を見るとわかりますが、たいてい日付ごとに「何々の事」という首書が付いています。なかには記事の途中に赤字で「何々の事」と書かれていることもあります。つまりここで切ったものを後で貼り継ぐつもりだったようです。

しかし、始める時期が遅すぎました。おそらく実資は七十四歳になって、「自分もそろそろ部類記を作ろう」と考え、養子と孫に「皆で協力して自分の日記を切り貼りして作ろう」と言って着手し始めたものと思われます。結局、部類記は完成しないまま、実資は亡くなってしまいます。六十歳くらいからやり始めればおそらく完成したでしょう。彼の性格から察すると、「いや、まだ足りない。来年はもっといい儀式になるかもしれない。もう少し日記を書いてからまとめたほうがいいだろう」と考えたため、どんどん部類記に取りかかるのが遅れてしまったのかもしれません。

また、早い時期だと実資が大納言に過ぎず、上卿《しょうけい》として取り仕切ることのできる政務《せいむ》や儀式が限られていたからでもあるのでしょう。右大臣に任じられて、初めて官奏《かんそう》や除目《じもく》などの重要政務を主宰することが始まり、慎重な実資は何回か、つまり何年かそれらを執行したうえで、長元三年(一〇三〇)にまずは六年分、その記事を使った日次記《ひなみき》整理本や部類記を作成しようとしていたのではないかと考えられています。

遅れたとはいっても、実資が亡くなるまでにはある程度作業は進んでいて、儀式によっては部類記が完成したものもあったはずです。一方で切り刻んだままでまだ整理ができていない記事もたくさん残っていたと思われます。それを養子の資平とその子供の資房は、「実資さんが死んでしまったらもう自分たちだけでやるのは無理だ」と、元に戻そうとした。つまり、いったん切り貼りして作った部類記をまた切って元通りにつなげ、日次記のスタイルに戻そうとしたのです。

ところが人間のやることですから、当然ながらミスが付きものです。違う年の巻に貼ってしまったものや、順番を逆に貼ってしまったものなどが、けっこうたくさん見つかります。また、『小右記』には、同じ日に二回、日付が書かれている記事がありますが、これも元に戻したときに生じたミスと思っていいでしょう。どういうことかというと、同じ日に二つの儀式が行なわれたことが原本に書かれていたとイメージしてみてください。それを二つに分けて切ってしまうと、後半の儀式がいつ行なわれたのかわからなくなってしまいますよね。それで彼らは切ったものにも日付を書き加えました。それを消さずにそのまま貼り直して元に戻してしまったので、同じ日なのに日付が二つあるという、大変おかしなことになりました。

切り貼りした原本が残っていればまだよかったのですが、私たちが今見ている古写本は、それを新たに書写したものなので、間違っている箇所がわかりにくくなってしまいました。いっそのことバラバラの状態でそのまま保存しておいてくれればよかったのですが、今さらそんなことを言っても後の祭りです。

後世のために儀式書を作りたかった？

これは私の勝手な推測ですが、実資は、おそらく部類記を作ること自体が人生の目的ではなく、これを基にして最終的には「儀式書《ぎしきしょ》」を作りたかったのではないでしょうか。儀式書とは、部類記にある各儀式のそれぞれ最もいい記事、つまり今後のスタンダードとなるべき儀式のやり方が書かれた記事だけをまとめたもののことです。これがあれば、あれこれ読まずとも、儀式のことが簡単にわかるわけです。

作り方としては、まず膨大な量の部類記を読み、そのなかから最も精度の高い記事を一つだけ選びます。そして正月一日の儀式はこの記事、二日はこの記事、三日はこの記事といった具合に日付ごとに貼っていく。そうすれば、一日の儀式はこう、二日はこう、三日はこうやればよいという、いわば儀式の「マニュアル本」ができあがります。

臨時の儀式についても、儀式ごとに最も精度の高い記事を選んで、それを儀式ごとに並べていけば、スタンダードができあがります。

考え方としては素晴らしいのですが、残念ながら儀式書はおろか、部類記すら完成しないまま実資は寿命を迎えてしまいます。現在、実資の著した『小野宮年中行事《おののみやねんじゅうぎょうじ》』という全一巻の儀式書が残っていますが、実資の本来作りたかった儀式書はこの程度のものではなかったはずです。

しかし、もしも儀式書が完成していたとしたら、今日まで『小右記』は残ることはなかったでしょう。すべての儀式のスタンダードが記された儀式書があれば、『小右記』はもう必要ありません。大切に保存する意味はないわけです。そう考えると、実資が夢を果たせなかったことは、むしろよかったのかもしれません。摂関期という時代を最も詳細に書いた重要な史料が失われずに済んだわけですから。

ちなみになぜ実資が儀式書を作りたかったのかというと、彼が朝廷のすべての儀式を自分が書いた日記どおりに動かしたい、貴族全員、あるいは天皇をも自分の日記どおりに動かしたいという願望を抱いたからです。すべての貴族が自分の日記どおりに未来永劫、動き続けることを想像してみてください。これはとてつもない権力を手にしたことになります。彼の究極の夢はそれだったのではないか——私はそう思うのです。

なぜ実資はこれほどたくさんの記事を書けたのか

ではこの章の最後に、先ほどお話しした、実資はなぜこんなにたくさん日記を書けたのかについて説明しましょう。

それを知るには『小右記』の裏書《うらがき》に注目する必要があります。『御堂関白記』を書いた道長の場合、一応、裏と表に書くものを区別して考えていて、歌や儀式の出席者名簿、禄《ろく》の日録などを裏に書いたもののもありますが、表に書ききれずに裏に書いている日も散見されます。しかし、『小右記』の裏書は、ほとんどが独立した文書《もんじょ》となっています。

現在残っている『小右記』の写本のなかではっきりと「裏」と書かれているものは三十五個ありますが、そのほとんどは叙位の結果、占いの結果（占文《うらぶみ》）、あるいは定文《さだめぶみ》と呼ばれる陣定《じんのさだめ》の議事録、詔《みことのり》など、独立した文書となっています。これを見ると、実資はそうした文書を具注暦《ぐちゅうれき》の暦の行の左側に貼り、表側（つまり文書の裏）にその儀式に関する記事を書いたのではないか、と思えるのです。

もっと想像を膨らませると、彼は間明《まあ》きのない具注暦をまず作らせて、それを毎日切って、その間に白い紙を挟んでそこに記事を書くか、あるいは独立した文書があったらそれを裏返しにして貼って、裏側の白いところを表として記事を書いたのではないかと考えることもできます。ということは、裏書の部分は実資が書いたとは限りません。実務官人からもらった文書を写さずにそのまま貼ったのかもしれません。

また、古代学協会の古藤真平《ことうしんぺい》さんは、「実資の『小右記』はいわくつきの日記だ」と面白いことを言っています。「いわくつき」とはどういうことかというと、日記のなかに「誰それ云《い》はく」と、「云はく」がたくさん出てくる。つまり人から聞いた話が多く書かれているのです。実資はあまり外出しないタイプで、儀式を欠席することも多かったようです。そのためか、儀式については誰かから聞いた話がしばしば書かれているのです。

実際に誰かから聞いて本人が書いた可能性ももちろんありますが、兄の懐平、従兄弟の藤原公任《きんとう》、養子の資平、その子の資房らから聞いた——という記述が多いのを見ると、彼らが儀式に出席して書いたメモのようなものを貰って、そこに「公任、云はく」などと後で書いて、そのまま貼った可能性も十分あります。ということは『小右記』は実資だけが書いたものではないことになります。

また、実際に自分が儀式に出席して書いたと思われる記事もありますが、どれもあまりに精確に内容が書かれていて、現場でのメモをもとに書いたとはとても思えません。おそらくは儀式の前日に自分の先祖の日記を見て、儀式の次第を事前に書いておき、それを笏《しゃく》の裏に貼りつけたか、メモのまま持ち込んで儀式に参加し、事前に書いた流れと違った場合は、その違例《いれい》を書き込んでいたのではないでしょうか。そして家に帰ったらそれを暦の行の左側に貼るわけです。

あるいは自分が儀式に参加せずに、資平や懐平に代わりに行かせる場合も、同じような予習メモを彼らに渡し、書き込ませたものを、そのまま貼っていたとも考えられます。となると『小右記』は誰が書いた日記なのか、よくわからなくなります。おそらくは、小野《おのの》宮《みや》家の共同作業で作られていたのが『小右記』といっていいはずです。

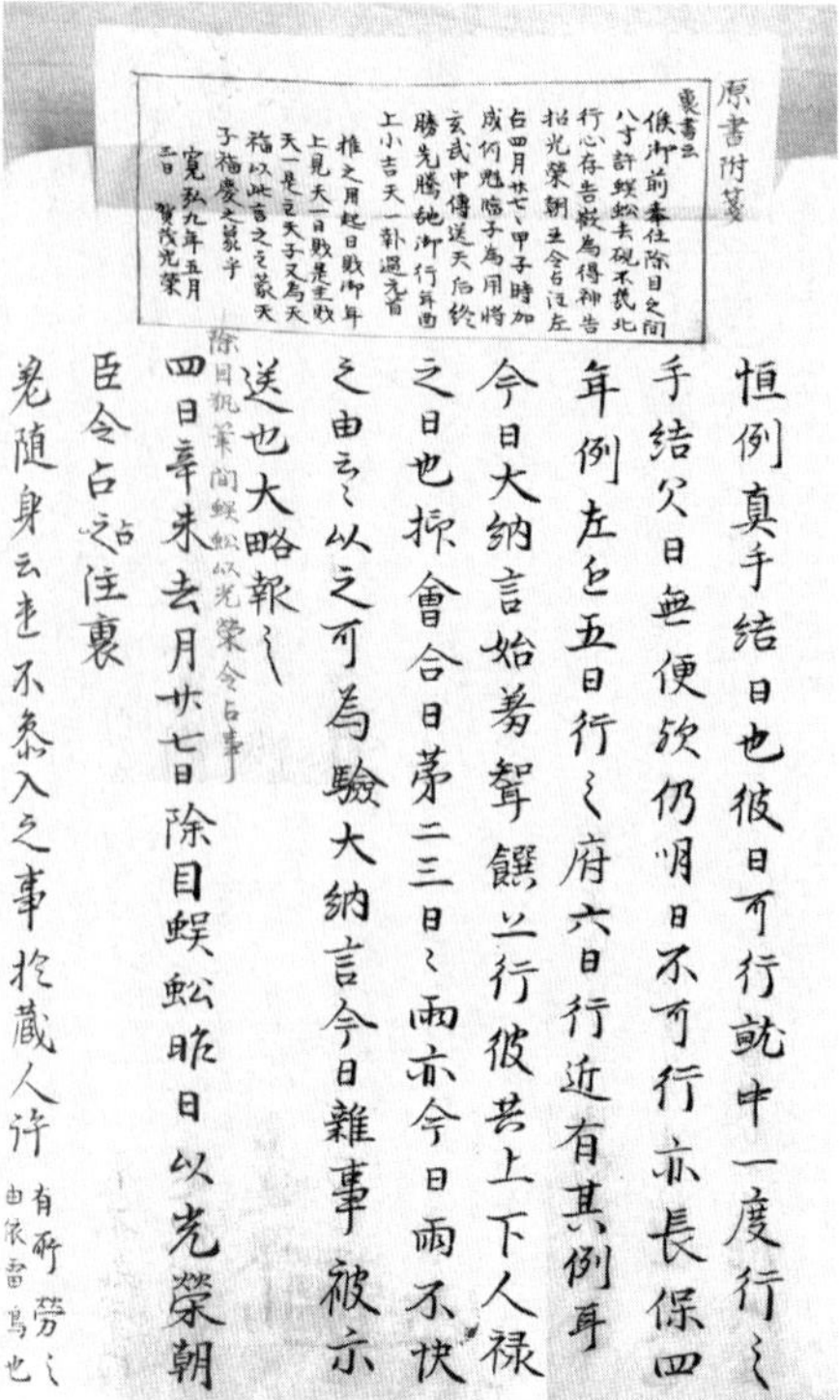

3-10-1.『小右記』長和元年五月四日条（秘閣本〈広本〉国立公文書館蔵）

さらに『小右記』は、実資が生きていた時代から、他の人に貸し出されたり、そのなかの一部を実資が写して人に渡したりと、個人の日記ということを越えて、貴族社会の共有財産的な使われ方をしていたようです。となると、より日記を充実させたいと皆が思うようになります。儀式に参加した人のなかには、頼まれたわけでもないのに、何があったのかを書いて、わざわざ実資に渡す人も出てきたのでしょう。

ということは、実資は貴族社会の共有日記を作る日記制作センターの室長のような役割だったとも言えそうです。先ほど小野宮家の共同作業で作られたのが『小右記』と述べましたが、それよりも貴族全員の熱意によって作られたといっていいのかもしれません。だからこそ、高度で精確な情報が集まって、素晴らしい日記が生まれたのです。結局のところ、『小右記』がこれほど長大な日記になったのは、すべてを実資が書いたのではなく、様々な人の共同作業によって日記が作られたからだと言えます。

余談ですが、『小右記』の自筆本は現存せず、古写本や新写本が何種類か伝わっています。古写本はすべて巻子本《かんすぼん》という巻物ですが、新写本の場合は巻物ではなく、帳面なので袋綴《ふくろと》じとなっています。袋綴じの場合は当然のことながら、裏に書くという形にはできないため、いろいろな工夫がなされています。付箋《ふせん》に書いてそこを赤く囲い、「裏書に云はく」と書いて区別したり、表の文だけをまず書いて、そこに裏書の部分を貼り付けたり――。これだと付箋をめくると表が出てきて、閉じると裏があるわけです。そうした新写本の書き方の違いに注目してみるのも一興です。東京の国立公文書館に何種類かの新写本が収蔵されていて、予約なしで閲覧できますし、カメラを持ち込んで自由に撮影できますから、ぜひ行ってみてください。

第十一章　出世レースに敗れても

権力の座に就く夢を見る

この章では『小右記《しょうゆうき》』の本文についてお話しします。『権記《ごんき》』を扱ったところで夢をテーマに解説しましたが、『小右記』のなかにも夢の話が多く登場します。

まず、寛弘《かんこう》八年（一〇一一）二月十九日に書かれた夢の記事を読んでみます。「今暁、優れた吉夢想《きちむそう》があった。忠仁公《ちゆうじんこう》の御物を伝領するということである」。いい夢を見た。藤原良房《よしふさ》が持っていたものを受け継ぐ夢である、とまず書かれています。良房というのは藤原実資《さねすけ》にとって四代前の祖先で、藤原氏で最初に太政大臣《だいじようだいじん》や摂政《せつしよう》になった人です。良房の物を受け継ぐということは、権力を受け継ぐという意味と考えていいでしょう。

そして「事は多く記さない」と続きます。自分から話を振っておきながら、それについてあまり詳しくは書かないと言っています。この部分を読むと、自分の日記が人に読まれることを想定していることがわかります。しかも子孫だけではなく、同時代の人に読まれることも想定しています。しかし、人に読まれる可能性があることをわかっていながら、なぜこんなこと書いたのか、何をアピールしたいのかよくわかりません。

「先年の夢に、忠仁公の御事を見たことは既に二度に及ぶ」。さらに何年か前に、先祖の良房の夢を二回見たと言っています。続けて「前年の夢では、貞信公累代《ていしんこうるいだい》の巡方《ずんぽう》の玉《ぎょく》の御帯、これを見た」。貞信公は藤原忠平《ただひら》のことですが、忠平は実資の祖父にあたる人物ですが、実資は祖父の養子になっているため、血縁でいうと曾祖父《そうそふ》にあたります。それを踏まえてこの部分を読むと、去年は祖父が受け継いでいる、（束帯《そくたい》を着用する際に用いる）玉石の飾りが付いた帯の夢を見たと言っています。おそらくこれも自分が受け継ぐことになると言っているのでしょう。つまりこれは、先祖の権力を自分が受け継ぐ、と予言している夢なのです。

実資は毎晩のように夢を見ていたはずなのに、なぜこの日に限って日記に夢の話を書い

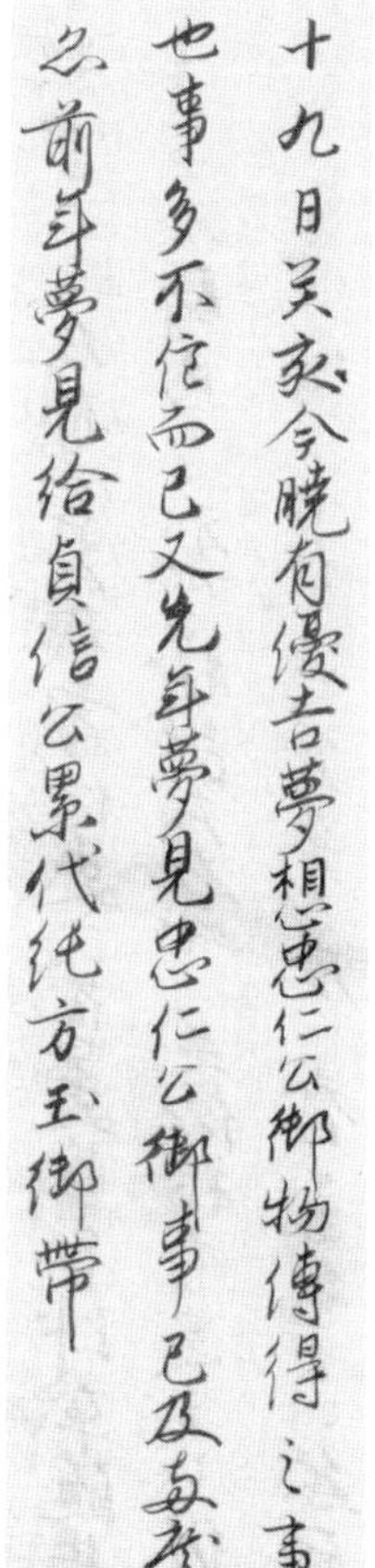
3-11-1.『小右記』寛弘八年二月十九日条（秘閣本〈略本〉. 国立公文書館蔵）

たのでしょうか。それを知るには、何年にこの夢を見たかが手がかりになります。

この日記が書かれた寛弘八年は一条《いちじょう》天皇が亡くなった年です。亡くなったのは六月ではありますが、日記が書かれた二月時点で、一条天皇が近々譲位《じょうい》し、三条《さんじょう》天皇の時代が到来することは予測されていたはずでしょう。一条天皇は藤原道長《みちなが》とうまくやっていたけれども、三条天皇の時代になれば自分に権力の座が回ってくるかもしれない、という思いが実資にこういう夢を見させたのかもしれません。しかも、目が覚めてからもそうした意識があったので、わざわざ日記に書いたのです。将来、権力者の座に就いたときに、「ああ、あのときの夢は当たっていた」と言うために記録しておいたのだと思います。

その一ケ月後、寛弘八年三月二十二日の日記にも再び夢の話が書かれています。そこには、陰陽師《おんみょうじ》の賀茂光栄《みつよし》が、「ある女が、藤原顕光《あきみつ》が十一月七日に死ぬ夢を見て、自分に占って欲しいと言ってきた」と実資に報告しにきた夢が記録されています。顕光とは当時の右大臣《うだいじん》です。顕光が亡くなると、次は実資に大臣のポストがまわってくる可能性がありま す。実資は長きにわたり大納言《だいなごん》を務めており、そろそろ大臣になって重要な政務を主宰したいと思っていたからこそ、こんな夢を見たのでしょう。大臣には太政大臣、左大臣《さだいじん》、右大臣、内大臣《ないだいじん》という四つのポストがありますが、通常は太政大臣は置かれないので、大臣になれるのは三人です。一人いなくなると、順番に繰り上がるわけです。

とはいえ、実資は筆頭大納言ではなくナンバー2で、一つ上に藤原道綱《みちつな》という人がいました。だとすれば一人亡くなってもまだ大臣にはなれない。なのに実資は道綱のことを馬鹿にしきっていて、「あいつは馬鹿だから、たぶん次は自分が大臣に指名されるだろう」と思っていたのです。

これもやはり後で実現したときのために書いていることは明らかです。しかし急に冷静になったのか、「実際には語ったところは、そのときになって虚実《きょじつ》を知ることができるのであろうか」と書いています。一応書いてはおくけれども、本当にそうなるかどうかはわからない、というわけですね。実際には顕光はかなり後まで生きていましたから、夢の通りにはなりませんでした。

有能でないのに先に出世した道綱が許せない

この筆頭大納言であった道綱について少し説明しておきましょう。

実資は彼のことを馬鹿だと罵《ののし》っていますが、道綱は時の権力者道長の異母兄で、生き残った唯一の兄です。そのため道長は道綱のことを大切にしていたようで、長徳《ちょうとく》二年(九九六)に道長のバックアップで中納言《ちゅうなごん》に任命されます。実資はこのときすでに中納言になっていたのですが、なんと翌年、道綱は実資を追い抜いて大納言に抜擢《ばってき》されます。こうした序列を無視した出世は超越《ちょうおつ》と呼ばれ、公卿《くぎょう》たちは非常に嫌がります。しかも有能な人ならまだしも、そうではないのに出世しているということで、実資は道綱に対して怒りを露わにします。

道綱が大納言になるという噂を耳にした長徳三年（九九七）六月二十五日条の『小右記』を見ると、実資のそのときの苛立《いらだ》ちがよくわかります。実資は道綱の名前を「通縄」とわざと間違った字で書いています。これは嫌がらせでしょう。

実際に道綱が大納言になった七月五日条に書いた記事は、さらに激烈です。「万事を推量すると、賢者を用いる世では貴賤《きせん》の者が研精《けんせい》する」（賢い人を出世させる世のなかは皆が励んで務める）と書いています。「賢者」とは自分のことを指しているのでしょう。「ところが近臣《きんしん》が頻《しき》りに国柄《こくへい》を執り、母后《ははきさき》がまた朝事《ちょうじ》を専《もは》らにしている。無縁《むえん》の身は、処するにどうすればよいのであろうか」。近臣とは天皇の側近や縁者という意味なので、これは道長のことです。母后というのは一条天皇の母親の藤原詮子《せんし》のこと。つまり、道長や詮子が政治を牛耳っている社会で、彼らと縁のない自分はどう生きていけばいいのだろう――と嘆いています。摂関《せっかん》政治の本質をついた言葉です。当時はミウチ関係がすべてですから、道綱が出世するのはわかってはいたものの、実資はそれをどうしても許せなかったのです。

「あいつはわずかに名字《みょうじ》だけを書き、一、二を知らない者である」。道綱のことを、自分の名前は書けるけれども、一や二という文字すらも知らない馬鹿だと言っています。名字というのはこの場合、「藤原」ではなく「道綱」です。彼らは署名するときに姓ではなく名前を書くので、署名しかできないと言っているわけです。

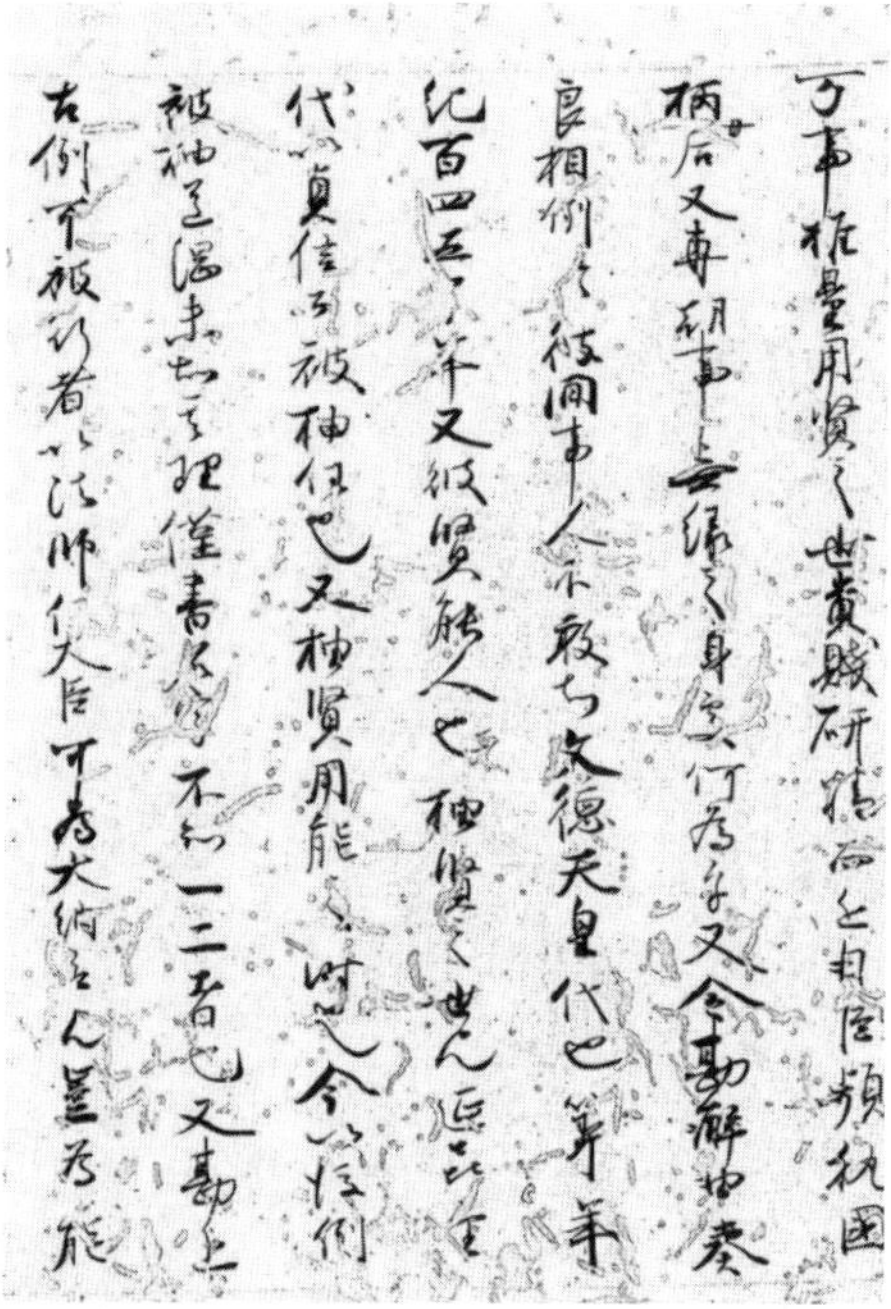

3-11-2.『小右記』長徳三年七月五日条（伏見宮本〈略本〉. 宮内庁書陵部蔵）

続けて「上古《じょうこ》の例を勘申《かんじん》して行なわれるのならば、法師を大臣に任じた例で大納言に任じるべきか」とあります。上古の例（昔の例）として、奈良《なら》時代に僧である道鏡《どうきょう》が大臣《だいじん》禅師《ぜんじ》になったときのことを挙げて、道綱が大納言に任命されたのは、それと同じくらいナンセンスで、あり得ないことだと言っているのです。

実資は以降もずっと道綱の出世を根に持っていました。一度超えられたら抜き返せないからです。道綱は無能なので、おそらく大臣にはなれない。ということは、実資も大臣にはなれない。だから自分が大臣になれないのは道綱のせいだ、と考えて怨んだのです。

刀伊の入寇をめぐる判断

道綱に対しては感情を顕わにしていた実資ですが、他のことについては、常に沈着冷静でした。そうした実資の冷静さがわかるエピソードを一つ紹介しておきましょう。

道長が大納言に任ぜられたのと同じ長徳三年、当時朝鮮半島を支配していた高麗《こうらい》が日本に攻め込むという噂が朝廷に駆け巡りました。高麗が日本に無礼な書状を送ってきたのが噂のきっかけです。しかし、実際このときは日本のほうが悪かったのです。日本人が高麗に行って略奪行為を行なったため、高麗からそうした行為は取り締まってほしいという文《もん》書《じょ》が来たのです。

六月にそうしたやりとりがあって、十月一日に大宰府《だざいふ》管内諸国、今の九州に海賊がやってきました。このときは大宰府の人間も内裏《だいり》の人間も「ついに高麗が攻めてきた」と大騒ぎになりました。実際には高麗ではなく南蛮《なんばん》、今でいう奄美《あまみ》群島の民衆による小規模な来《らい》寇《こう》に過ぎなかったのですが、最初は皆高麗の船だと思い込みました。

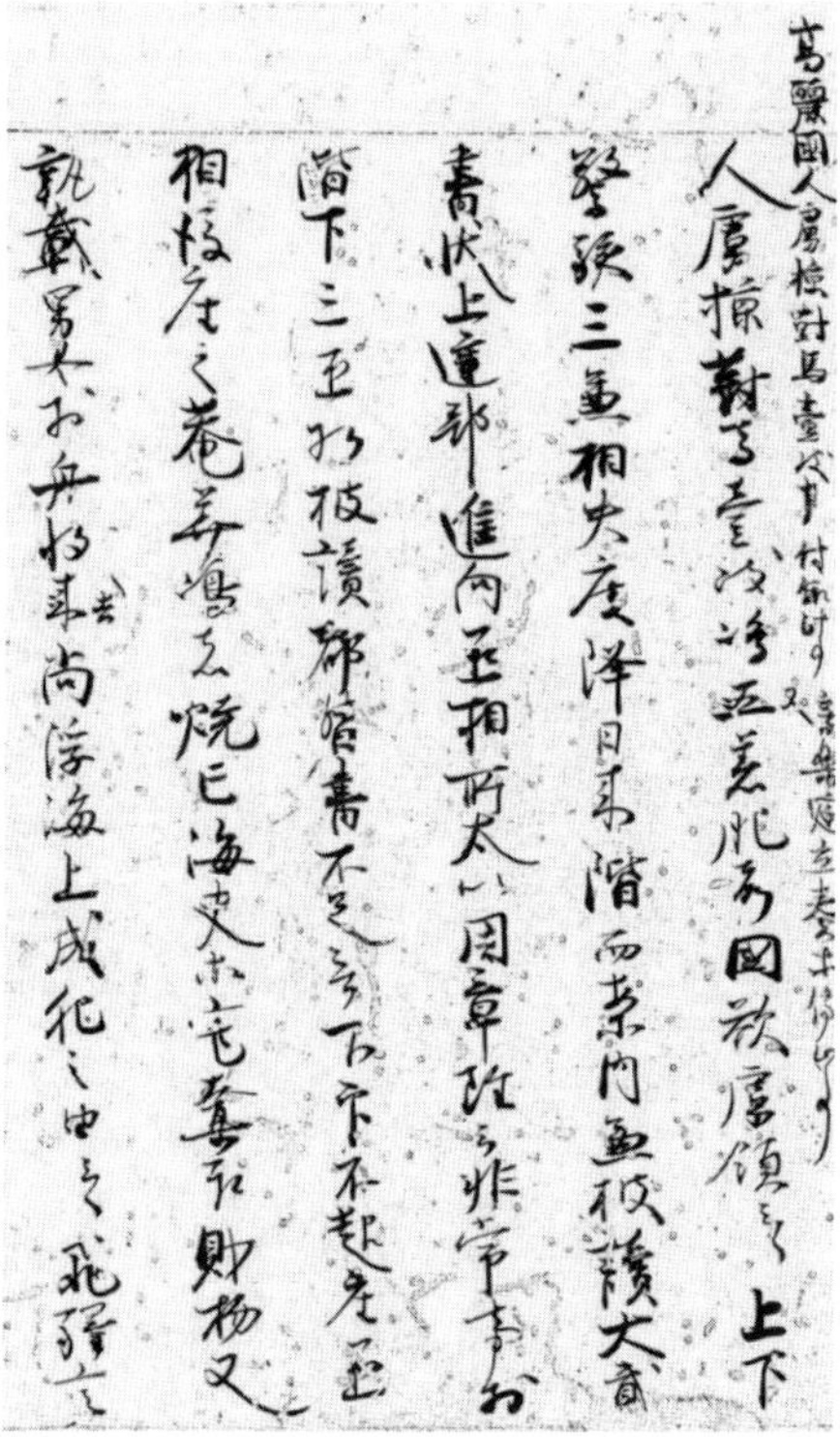

3-11-3.『小右記』長徳三年十月一日条(伏見宮本〈略本〉. 宮内庁書陵部蔵)

大宰府では、来寇を朝廷に知らせるためにすぐに使者を都に向かわせました。報告の文書が届いたとき、都ではちょうど旬政《しゅんせい》という儀式の最中でした。九州から大宰大弐《だざいのだいに》の書状も届いたと聞いた三大臣（道長・顕光・藤原公季《きんすえ》）は、驚いて紫宸殿《ししんでん》の階段を地面まで降りてその書状を読みました。他の公卿たちも階段を降りて大騒ぎ。そのときの様子が『小右記』にはこんなふうに書かれています。

非常のことであるとは言っても、階下において三大臣が大宰大弐の書状を開き読むなどは、言うに足りない。下官（実資）は座を立たなかった。

非常時といっても大臣たる者は下に降りてはいけない。書状を読むときは使者を召し寄せてここで読むものだ。他の公卿はあたふたしていたが、私だけは坐ったままでいた――と、自分だけ冷静だったことが書かれています。手紙を読んでそれほど大きな事件でないことがわかり、騒ぎはすぐに収まったようですが、こうした話を日記に書くところが彼らしいですね。どんなときでも自分は冷静なのだということを書き残しておきたかったのでしょう。

もう一つ、実資の冷静さがわかるエピソードを紹介しておきましょう。寛仁《かんにん》三年（一〇一九）に「刀伊《とい》の入寇《にゅうこう》」という大事件がありました。刀伊の入寇とは、東女真族《ひがしじょしん》というツングース系民族が高麗を襲った後、北部九州に攻め込んできた事件で、まず三月二十八日に対馬《つしま》が襲われ、壱岐《いき》が襲われ、四月七日に九州に上陸されて、各地に攻め込まれました。二千人近い日本人が拉致《らち》されたり殺されたりしています。

大宰府ではこうした事態にどう対処すべきかを朝廷に尋ねるため、使者を都に送ります。四月十七日に報告を受けた朝廷では、翌十八日に会議が開かれ、「神社と寺にお祈りをさせて鎮めること、沿岸の防衛を強化すること、戦いで功績のあったものには行賞《こうしょう》を行ない褒美（官職や位階）を与えること」などを定め、決定事項を書いた文書を使者に持たせて九州へと走らせます。とはいっても、九州と都は遠く離れているので、何日もかかります。

実際、文書が大宰府に届いたときには、すでに戦いは終わっていました。たまたま藤原隆家《たかいえ》が痛めた目の治療のために大宰府に赴任していたので、彼の指揮で四月十一日に刀伊を撃退することができたのです。都から届けられた文書には、「功績のあったものには褒美を与える」とあったため、隆家は功績のあった十一人の名簿を都に送ります。

名簿は六月二十九日に到着し、早速会議が開かれました。しかしなんと、この会議ではどんな褒美を功労者に与えるかではなく、彼らに褒美をあげるべきかどうかが議論になり

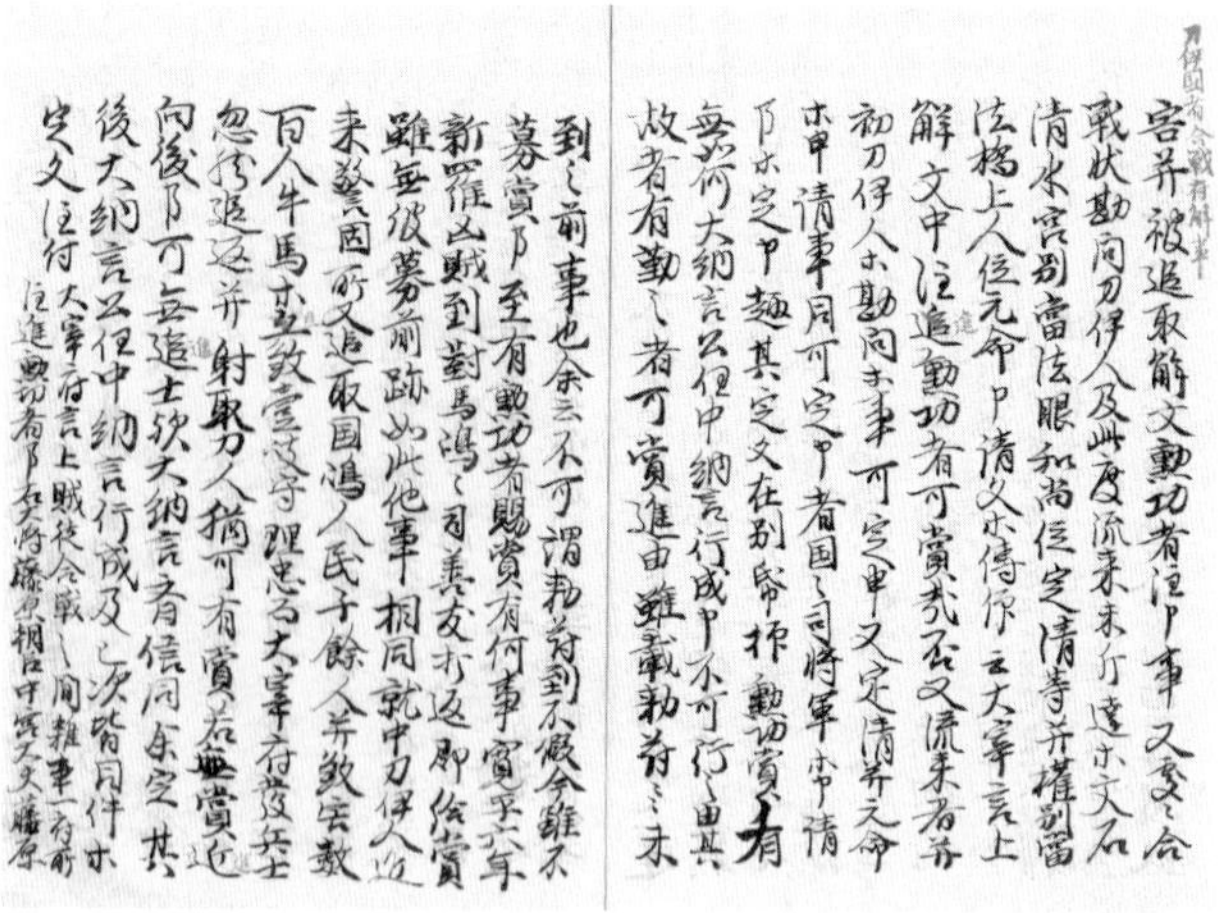

3-11-4.『小右記』寛仁三年六月二十九日条（秘閣本〈広本〉. 国立公文書館蔵）

ました。

なぜかというと、功績があったものに褒美を与えることが決定したのは四月十八日でしたが、その前の四月十三日の時点ですでに戦闘はすべて終わっていたからです。それで「褒美を与えることが決まる前に、すでに彼らは功績を挙げていたのだから、褒美を与える必要はないのでは」という話になりました。『小右記』には、後世、「寛弘の四納言《しなごん》」と讃《たた》えられた藤原公任《きんとう》と藤原行成《ゆきなり》が「行賞を行なうべきではない」と主張したと書かれています。

ところが実資はそれに反対し、寛平《かんぴょう》六年（八九四）に新羅《しんら》の海賊に攻め入られたときの前例を出しながら、こう言っています。

「勅符《ちょくふ》が至ったかどうかを論じてはならない。行賞を募っていなくても勲功《くんこう》があれば賞を給うことに何事があろうか」

行賞を行なうことが事前に決まっていようがいまいが、功績があったものに褒美を与えるのは当たり前のことではないか。そう彼は主張したのですが、根拠として前例を挙げているのが素晴らしいですね。前例はすでに頭のなかに入っていたのでしょうか。それともこういう事態を予測して前の日に寛平六年の例を調べてきたのでしょうか。

「過去にはこういう例がある。ましてや今回は、刀伊人が人民千余人を拉致、数百の人や牛馬を殺害し、また壱岐守《いきのかみ》を殺した大事件である。それを追い返し、刀伊人を射殺したのであるから、やはり行賞は行なうべきである。行賞を行なわなければ、今後は奮戦する者がいなくなるであろう」と実資は言っています。

この会議では、「寛弘の四納言」の一人の藤原斉信《ただのぶ》が実資の意見に同調し、最終的には公任と行成も納得したことで、めでたく行賞が行なわれることが決定したのですが、実際には殺された壱岐守と逃げ帰ってきた対馬守《つしまのかみ》の後任に、功労者の二人が任命されただけで、ほとんどの人は何ももらえませんでした。最大の功労者である隆家さえ、何ももらえなかったのです。

来るべき中世社会に向けて

顛末《てんまつ》を知ると、公任と行成は案外ひどい人だなと思うかもしれませんが、じつは公任と

行成が主張したこともある意味、理にかなっています。というのは、「この戦いにおいて

は功績を挙げた者には行賞を行なう」というルールを朝廷がきちんと定めておかないと、

勝手に戦う集団が増えて、朝廷のコントロールが効かなくなってしまうからです。

例えば関東地方で武士同士が戦っていたとしましょう。そういうときは、朝廷が「追捕《ついぶ》宣旨《せんじ》」を出します。追捕宣旨というのはわかりやすく言うと、「こいつのほうが悪いから、こいつを倒したら官位を与える」という命令書です。これを持っていると、その人を倒したら官職や位階が与えられます。平将門《まさかど》を倒した者には官位を与えるぞと言ったら、関東地方のいろいろな豪族が立ち上がって将門を倒したわけです。そのおかげで藤原秀郷《ひでさと》

(俵藤太《たわらのとうた》)は鎮守府将軍《ちんじゅふしょうぐん》に任じられました。

もっとわかりやすい例が、前九年《ぜんくねん》の役と後三年《ごさんねん》の役です。前九年の役のときは「追捕宣旨」が出たので、安倍貞任《さだとう》らを倒した源頼義《よりよし》たちには行賞がありました。ところが後三年の役のときは、朝廷は「追捕宣旨」を出しませんでした。なぜなら朝廷はこの戦いを清原氏の一族内の内紛とみなし、こうした戦いに行賞を行えば同じような例があちこちで出てくると考えたからです。武士同士が戦って勝ったほうに行賞があるのならば、皆、勝手に

戦うでしょう。後三年の役で、朝廷から八幡太郎源義家《はちまんたろうよしいえ》が何ももらわなかったことは、都の朝廷がいかに汚い連中かという文脈で語られがちですが、そうではありません。勝手に戦って勝ったほうが官位をもらえるとなったら、自力救済《じりききゆうさい》の戦国社会になってしまいます。だから朝廷が認可して、こちらを倒せと言ったときにそれを倒すという形が維持されなければならなかったのです。

刀伊の入寇の場合、海外と戦ったので国内の戦いとは意味合いが違いますが、原則となるルールを守るという点では、公任と行成の主張は正しかったのです。来るべき中世社会に向かいつつあって、行成や公任はそれを危惧していたからこそ、彼らはそこにこだわったのです。

ただ、実資の言うことも心情的には理解できます。じつは実資は、刀伊の撃退を指揮した隆家とは大の仲良しで邸第《ていだい》は隣同士、彼らは頻繁に徒歩で行き来する間柄だったようです。もしかすると、友人に報いたいという個人的な気持ちが、会議での発言に繋がったのかもしれません。

天皇、国家に仕えるという意識

では次は、実資は道長に対してはどんな気持ちを抱いていたのでしょうか。

実資は道長よりも八歳ほど年上で、出世したのも実資がもちろん先です。『御堂関白記《みどうかんぱくき》』の解説のなかでも話しましたが、道長は藤原兼家《かねいえ》の五男として生まれたため、当初はそれほど注目されておらず、出世もしていなかったのです。

道長は天元《てんげん》三年（九八〇）にやっと従五位下に叙され、天元五年（九八二）に昇殿《しょうでん》（天皇側近の殿上人《てんじょうびと》になること）して、ようやく歴史の舞台に出てきます。このとき実資はすでに蔵人頭《くろうどのとう》で、道長よりはるかに高い地位にありました。

『小右記』のなかに初めて道長という名前が登場するのはこの天元五年ですが、そこには「右大臣の子道長」と呼び捨てで書かれています。当時実資にとって道長はその程度の存在でした。今後、兼家が政権を取ることもなさそうだし、もし兼家が政権を取ったとしても、道長は五男なので跡を継ぐとも思えない。だから実資は呼び捨てにしたのです。

ところが寛和《かんな》二年（九八六）に一条天皇の時代になるやいなや、兼家は摂政となり、子の道長もとんとん拍子に出世しました。その年のうちに蔵人《くろうど》、少納言《しょうなごん》、左少将《さしょうしょう》、翌年に左《さ》京大夫《きょうだいぶ》、従三位になって公卿に上りました。つまり一挙に実資を抜き去って偉くなっていったのです。

急に抜かれて立場が逆転したことに対しては、実資も思うところがあったはずです。それは実資が、道長が主催する儀式にあまり出席しないのを見てもわかります。とはいえ、まったく出席しないわけではなく、代わりに養子の資平《すけひら》を行かせたりしています。資平や、兄の懐平《かねひら》を行かせて儀式次第や、誰がどんな間違いをしたか報告させたりしています。本人もたまにではありますが、道長の儀式に出席することもあったようです。めったに顔を出さない実資が参加すると道長は喜んで、特別な引出物《ひきでもの》をくれる。先述したように、おそらく実資は、そういうことをわかってやっていたと思われます。

とはいえ、実資は道長を嫌っていたわけではありません。実資は朝廷の臣であるという意識が強くて、自分は道長に仕えているのではなく、天皇、国家に仕えている――という確固たる信念があったようです。そのせいか、実資は行成や源俊賢《としかた》のような道長の顔色ばかり窺っている人や、朝廷の仕事をせずに道長の仕事ばかりやっている人たちを「恪勤《かくご》の上達部《かんだちめ》」という言葉で皮肉っています。恪勤には「高官に仕える身分の低い従者」という意味がありますが、実資は「道長の家来」という意味でこの言葉を使っています。

こうした実資の道長に対する姿勢が一番よく表れているのが、長保《ちょうほう》元年（九九九）に、道長の長女である彰子《しょうし》の入内《じゅだい》が決まったときのエピソードです。道長は皆に祝って欲しくて、公卿たちに和歌を色紙《しきし》に書いてもらい、それを屏風《びょうぶ》に貼って入内の道具として持たせよう、と考えます。これは同時に自分の味方の名簿、つまり派閥名簿にもなるわけです。

多くの公卿たちは喜んで歌を贈ったのですが、実資は何度頼まれても歌を出しませんでした。もともと彼はあまり歌を詠まない人ですが、このときは彼なりのこだわりがあって書かなかったようで、こんな言葉が『小右記』に書かれています。

「公卿の仕事は荷汲《かきゅう》に及ぶのか」。公卿の仕事は荷物を担いだり、水を汲んだりすることではないはずだ。権力者のために歌を読むのもそれと同じで、公卿がやるべきことではない、と実資は考えたのです。

十一月一日、彰子の入内の日を迎えます。多くの公卿は彰子の輿《こし》の後をぞろぞろついていきました。しかし実資は参加しません。行った人のことを「末代《まつだい》の公卿は凡人《ぼんにん》に異ならない」と日記のなかで馬鹿にしています。凡人とは「普通の庶民」という意味です。そんなものにぞろぞろついていくのは貴族ではない、庶民と一緒だと怒っているのです。でも、そう言いながらも実資は、十一月七日には道長が主催する儀式に足を運んでいます。今までは行かない、行かないと言っておきながら、七日にポンと行くわけです。

その日が何の日かというと、彰子が女御《にょうご》になった日、つまり天皇の正式な后という称号を得た日です。その日に行くと道長は大喜びして、公卿たちを彰子の直廬《じきろ》に招き入れました。直廬とは后の個室のことで、ミウチではない公卿は普通は入れません。道長は実資の手を取って、彰子の直廬のなかに引き入れ、装束《しょうぞく》や調度品を見せました。調度品のなかでも一番見せたかったのは、先ほど触れた歌を書いた屏風だったはずです。つまり「こんなに皆が歌を詠んでくれた。あなたも書けばよかったのに」と言いたかったのでしょう。ここでもいつも通り、実資は、大量の引出物をもらって帰っています。

こうしたエピソードを見てもわかりますが、出世においては先を越されたものの、実資は道長とはそれなりに良好な関係をずっと維持していたようです。とはいっても『小右記』を読むと、道長について批判的に書いている箇所も多く見つかります。ただし、実資が道長を批判するときは、天皇や朝廷をないがしろにしている場合に限られています。しかも道長だけを批判するのではなく、かつては藤原道隆《みちたか》や藤原伊周《これちか》も批判の対象にしていました。また、時には道長の父親の兼家も批判していました。つまり、摂関が天皇をないがしろにしてことさらに権力を振るおうとしたときにだけ、彼は牙を剝《む》くのです。だからこれは正当な批判であると思っていいでしょう。

実資はいろいろな人のことを『小右記』に辛辣《しんらつ》に書いてはいますが、おそらく日常生活では皆から尊敬されていて、大事にされていたのだと思います。彼に逆らうと日記に書かれて末代まで残ってしまうため、皆気をつかっていたとも考えられますが、実資の言っていること、やっていることは根本的には間違ってはいません。そういう点で、皆から尊敬されていたのだろうという気がします。

第十二章　「驕《おご》れる道長」という虚像

道長のフォロー役にもなった実資

藤原実資《さねすけ》が日記を書いた最たる目的は、儀式や政務を後世に正しく伝え、そのスタンダードを作ることでした。それは一方で儀式に対して先例を外すこと、これを「違例《いれい》」と言いますが、違例に対して非常に厳しかったことを意味します。とはいえ、当時は家ごとに儀式のやり方がバラバラだったため、常に違例が存在しています。

例えば、当時は毎年十月一日に「孟冬《もうとう》の旬政《しゅんせい》」という宴会儀式が開催されていたのですが、これも違例が非常に多い儀式だったようです。孟冬の旬政については『御堂関白《みどうかんぱく》記《き》』『権記《ごんき》』『小右記《しょうゆうき》』、三者三様に違例が書かれています。

あまり細かいことにはこだわらない性格だった藤原道長《みちなが》も、儀式にはうるさかったようで、寛弘《かんこう》二年（一〇〇五）の孟冬の旬政の宴会で、身分の低い者が坐る末座にまで四種の膳と下器《かづき》を渡すかどうか、つまり膳を身分の高い人だけに出すか、あるいは下のほうまで出すかで、公卿《くぎょう》たちと意見を戦わせたりしています。

後に道長は、小野宮流《おののみやりゅう》と九条流《くじょうりゅう》を合わせた御堂流《みどうりゅう》という儀式のスタイルを考案し、やがてそれが儀式のスタンダードになっていくのですが、これは何も道長の儀式が素晴らしかったからではありません。道長の権力が強かったから、道長の言う通りにしようということになったのだと思います。

とはいっても、公卿たちは道長の意見をすべて聞き入れたわけではなく、時には全員が反対に回ることもありました。寛弘二年十月一日の『小右記』には、そのときの様子が書かれています。このときは孟冬の旬政のやり方について議論になったのですが、公卿全員に反対されても、道長は自分の考えを曲げません。「これは一説である」。つまりこれは一つの説である、こういう考え方もあるのだと言って頑張ったのです。

このとき実資は「これは良い例である」と道長の案に賛同しています。普通なら全員反対している場合は、反対派に押し切られてしまうはずですが、実資のこのひと言で道長の意見が通ることになりました。普段は道長に追従《ついしょう》しない実資ですが、このときには賛成しました。これは道長に恩を売るためではなく、道長の意見が正しいと本当に思っていたから賛同したのです。

道長はよほど嬉しかったのでしょう。実資にこう言いました。「式次第を書いた懐紙《かいし》はあるか」。懐紙というのは懐に入れる紙で、そこにあらかじめその日の儀式を書いておく

3-12-1.『小右記』寛弘二年十月一日条（秘閣本〈略本〉. 国立公文書館蔵）

のです。実資はおそらく家に帰ったら、その紙を貼り継いで『小右記』の記事にするつもりだったはずですが、それを道長にあげています。道長はこれを持ち帰って『御堂関白記』に写したかというと、そんなことはしていません。たぶん無駄になったと思います。でも、道長は翌年、それを参考に新たに式次第を考えたはずです（覚えていれば、ですが）。そんなふうにして儀式は徐々に固まっていったのです。

三条天皇と道長の確執

さて、一条《いちじょう》天皇が亡くなると三条《さんじょう》天皇の時代を迎えます。三条天皇と実資の関係が書かれた記事を次に読んでみましょう。

三条天皇は寛弘八年（一〇一一）六月に位に即き、九月には新しく東宮《とうぐう》になる敦成《あつひら》親王の坊官除目《ぼうかんじもく》が行なわれました。これは東宮を支える役所の官人を任命する儀式です。最初は九月五日に開かれることになっていましたが、九月二日になって実資は、「五日は忌みがある日で、よくない日である」ということを密々に三条天皇に奏上しました。それを受けた三条天皇は四日に儀式の延期を決定します。

なぜ実資は直前になって天皇にそんなことを言ったのでしょう。それは、実資は三条天皇から即位直後に、「しかるべきことを密々に奏上せよ」と命じられていたからです。つまり三条天皇は、道長とは表面的には仲良く政治をやっていくけれども、裏では実資から意見を聞こうとしていたのです。実際にその後も実資は秘密裡に三条天皇にたびたび意見を伝えています。実資はいわば影の関白《かんぱく》のような役割を担うようになったのです。

しかし、いくら秘密のやりとりとはいっても、必ず漏れるものです。道長は一見、脳天気に見える人物ですが、情報のネットワークを綿密に張り巡らせていて、おそらく天皇の側近や女房《にょうぼう》たちのなかに情報提供者を置いていたと思われます。これは様々な例で明らかになるのですが、道長は何でもその日のうちに知ることができたのです。ということは、三条と実資の間柄も、やがては明るみに出てしまいます。これは天皇にとっては非常にまずいことです。実資に意見を聞きたいのであれば、実資をしかるべき地位に就けてやればいいのですが、大納言《だいなごん》のまま置いておいてそういうことをやらせるのは禁じ手です。しかもそれが道長に知られると、道長と三条の関係だけでなく、やがて道長と実資の関係もうまくいかなくなってしまいます。

三条天皇と実資の関係が露見したことが原因ではありませんが、三条天皇が即位した翌長和《ちょうわ》元年(一〇一二)、早くも道長と三条天皇の間に険悪なムードが漂い始めます。三条天皇は道長の二女の妍子《けんし》を中宮《ちゅうぐう》にしました。妍子にもしも皇子が生まれれば、三条天皇の皇統がずっと続くことになります。冷泉《れいぜい》皇統、円融《えんゆう》皇統で言うと、冷泉―三条が嫡流《ちゃくりゅう》です。ですから三条と道長の女《むすめ》との間に皇子ができたら、その子が跡を嗣《つ》ぐことになります。そんな期待を背負って入内《じゅだい》した妍子ですが、直後に三条天皇はとんでもないことを言い始めます。妍子を中宮にした後に、長年連れ添った妃の娍子《じょうし》を皇后《こうごう》にしたい、つまり再び「一帝二后」という状態にすると言ったのです。

しかし、娍子を皇后にするのはどう考えても無理でした。当時は皇后や中宮は父親が大臣でなければいけないのに、娍子の父親の藤原済時《なりとき》は、長徳《ちょうとく》元年(九九五)の疫病《えきびょう》で大納言で亡くなってしまっていたからです。もしもあと一ケ月ほど生きていれば大臣になったでしょう。一時でもいいから大臣を経験すれば問題なかったのですが、残念ながらその前に亡くなってしまいました。それまでに大臣ではない人の女が皇后や中宮になった例としては、嵯峨《さが》天皇のときの橘嘉智子《かちこ》一度きりで、かれこれ二百年ぐらい前の話です。しかも嘉智子は皇親《こうしん》氏族の橘氏出身ですから、これは特別なのです。

道長は娍子立后《りつごう》をなんとか阻止しようと画策し始めました。結果的には立后を妨害した、ということになるのですが、道長の心のなかには妨害というより、今やろうとしていることは尋常ではないということを三条天皇にわからせなくてはいけない――という気持ちが強かったようです。

では、道長はどんなことをやろうとしたのでしょうか。

なんと道長は、娍子が皇后に立つ儀式と、中宮妍子が内裏《だいり》に参入する儀式を同じ日に行なうことにしたのです。公卿たちは妍子にぞろぞろついてくるわけですが、その前に宴会があります。その際、妍子の宴会に全員を出席させて、娍子立后のほうに誰も行かせないようにする。そうすれば、こんな非常識なことをやってはいけないということに三条天皇は気づくはずだ――そう道長は考えたのです。道長は普段からとても出席を気にする人で、こっちに来た人は仲間、向こうに行った人は敵とみなして嫌います。それを皆は知っていて、道長ににらまれては大変なことになるというので、皆こっちへ来るはずだ、という算段なのです。

これを知った三条天皇は我慢ならなかったのでしょう。「道長は私に対して礼を欠くことは最も甚しい。この一、二日は寝食も通例のようにはとれない（飯も食えないし、寝られない）」と怒りを顕わにしています。『小右記』にそう書かれているということは、三条天皇は実資に愚痴をこぼしたのでしょう。しかも直接言わず伝言ゲームで言うものだから、どこかで漏れ、道長の耳にも届いたはずです。

続けて『小右記』には、三条天皇は「右大将《うだいしょう》（実資）は私の方人《かたひと》である」と言ったと書かれています。方人とは、歌合わせなどで左右に分かれて争う際に、一方を応援する人のことです。つまり道長派と三条派に分けたとき、実資は三条派、自分サイドの人間だと言っているのです。「しかるべき人を御前に召して、雑事《ぞうじ》を相談することに何の不都合があるだろうか」とも書かれていますが、これは、これからは道長ではなく、実資を相談相手とする、と言ったことになります。

実資にしてみれば迷惑な話で、天皇が娍子を皇后にすることに反対はしませんでしたが、彼は三条天皇を特別に支持していたわけではありませんでした。それなのに三条天皇は勘違いをして、実資は自分の味方であると勝手に思い込んでしまったわけです。

娍子立后の儀式に公卿は四人しか参加しなかった

四月二十七日、娍子が皇后に立つ儀式と中宮妍子が内裏に参入する儀式が同じ日に行なわれました。前にもお話ししましたが、立后の儀式は三つに分かれていました。一つ目に「立后宣命《せんみょう》」、内裏で誰それを皇后にすることを宣した天皇の命令を出します。二つ目が「宮司《みやづかさ》除目」、これは后を支えるべき役所の官人、皇后であれば皇后宮大夫《こうごうぐうだいぶ》、皇后宮亮《こうごうぐうのすけ》、皇后宮大進《こうごうぐうたいじん》、皇后宮属《こうごうぐうさかん》などを決めます。これも内裏で行ないます。その後、后の実家へ立后宣命を作った人が使者として行って、后の前で宣命を読み上げます。その後、宴会が開かれます。これを「本宮《ほんぐう》の儀」といいます。

立后宣命を作るのは詔《みことのり》ですから、上卿《しょうけい》といって大臣が責任者を務めなければなりませんが、娍子立后の儀式なので、左大臣《さだいじん》である道長は当然、来ません。右大臣《うだいじん》藤原顕光《あきみつ》も突然病気になって来ません。もちろん仮病です。内大臣《ないだいじん》藤原公季《きんすえ》も物忌《ものいみ》になったといって来ません。その次の筆頭大納言は藤原道綱《みちつな》ですが、無能な道綱に責任者をやらせると絶対に失敗するので、これは避けて、最終的には実資のところに使者が向かいます。実資もおそらく立后宣命の内弁《ないべん》をやらされることを予想していたはずです。

彼はなぜかこの日はハイテンションで、「天に二つの日はなく、土に二つの主はない。であるから巨害《きょがい》を恐れることはない」などと言って、意気込んで参内しています。ここで

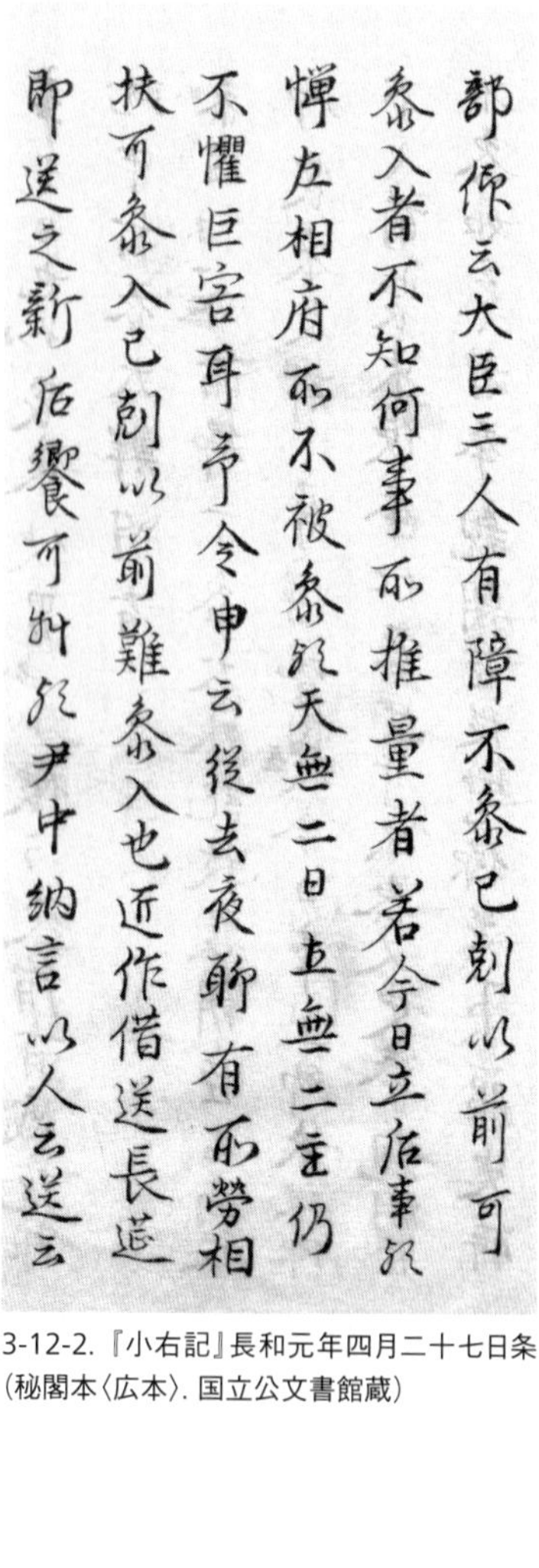

3-12-2.『小右記』長和元年四月二十七日条（秘閣本〈広本〉. 国立公文書館蔵）

言っている「恐れることはない巨害」とは、道長のことを指していると思っていいでしょう。しかし、内裏には自分を含めて公卿は四人しかいませんでした。実資と実資の兄の懐平《かねひら》、そして娍子の弟の通任《みちとう》、そして隆家《たかいえ》。本来であれば二十人ほどの公卿が来るべきなのに、皆道長の邸第《ていだい》で開かれている妍子の宴会に参加していたのです。

その後、道長による二度の宣命の字句の訂正はあったものの、なんとか実資は儀式を無事に終わらせたのです。最も悲惨だったのは本宮の儀でしょう。娍子の実家（異母兄の藤原為任《ためとう》の邸第）では、一応は公卿や殿上人が全員来ることを想定して宴会の用意をしていたことでしょう。そこへたった四人しか来ず、ぽつぽつ、ぽつぽつと坐って宴会をやったのです。もちろん娍子は宴会には参加しませんが、四人しか来なかったことは伝わります。しかし、それが道長の狙いなのでした。「あなたが皇后になることを誰も歓迎していないし、味方はほとんどいない」と、わからせるためにやったのです。

一方、実資が立后宣命の儀式を執り行なったことで、三条天皇はますます実資を自分の味方だと思い込み、彼に対して恩詔《おんしょう》を与えます。

「自分は久しく東宮にあって、天下を統治してこなかった。今、たまたま皇位に昇った上からは自分の意に任せて政治を行なうべきである。そうでなければ愚頑《ぐがん》なことである」。ここまではいいのです。天皇だから好きなことをやるぞと言っているだけだからです。ここから後が問題です。「しかるべきときが来たならば、大将（実資）に雑事を相談するようなことになるであろう。それをまず伝えろ」と、養子の資平に言ったのです。ここで言っている「雑事を相談する」というのは、実資を関白にするという意味です。となると「しかるべきとき」とはいつのことを言っているのか、おのずとわかってきますよね。そう、道長が死んだときのことを言っているのです。「道長が死んだらおまえを関白にするつもりだと実資に伝えてくれ」と資平に頼んだのです。

これは実資にとっては一大事です。彼は道長が嫌いなわけでもないし、とりたてて三条天皇が好きなわけでもありません。立后の儀式に参加したのも、天皇の命令だから従っただけで、深い意味はありません。おそらく実資はありがた迷惑だと感じていたはずです。なぜなら実資は養子の資平を出世させたいと思っていたからです。官人の人事を牛耳っているのは道長ですから、実資は道長と良い関係を維持したい。だから、本当なら三条天皇にはあまり深入りしたくないという気持ちがあったはずです。

道長は国のためを思って三条天皇に譲位を迫った

その後、三条天皇と道長の関係はさらに悪くなっていきます。もちろん、娍子立后を三条天皇が無理矢理行なったことも影響していますが、関係が悪くなった最も大きな理由は、三条天皇の体調悪化でした。じつは三条天皇は長和三年（一〇一四）ごろから目がほとんど見えなくなっていました。もともと病気がちな人でしたが、内裏が火事で二度も焼失し、その心労で目が見えなくなったのだと思います。同時に耳が時々聞こえなくなる、鼻が利かなくなるといった症状にも苦しんでいました。当時の人たちは栄養状態が悪かったせいで、ほとんどの人が病気がちなのですが、目が見えないのは大問題です。天皇としての政務ができないからです。

ということで道長は長和三年から、三条天皇に譲位《じょうい》を行なうように説得し始めます。自分だけでなく道綱を連れていったりして、皆で説得を試みます。翌長和四年（一〇一五）には、俊賢や公任が道長を促して、三条天皇に譲位を迫らせています。三条天皇が退位すると、自分の孫にあたる敦成親王が即位して、道長は摂政《せっしょう》になれるのですが、道長はそうした権力欲のためにのみ説得したのではありません。あくまで政務が滞ることを避けるためだったと思っていいでしょう。

また、道長は長和三年の『御堂関白記』をおそらく自らの手で破却《はきゃく》しています。この年の日記のなかには天皇に退位を迫ったときの話がたくさん出てくるので、これを後世に残しておくのは臣下としてはまずいと思い、自分の手で日記を焼き捨てたのだと思います。しかし、『御堂関白記』が燃やされても、実資の日記の『小右記』があるので、道長の行動はすべてわかってしまっています。ただ、道長は私利私欲のためではなく、国のためを思って三条天皇に譲位を迫っていたとしたら、一概に悪事とはいえないのです。

長和三年六月、道長は実資についての聞き捨てならない噂を耳にします。実資が「自分が雑事を申す」と三条天皇に言ったという噂がそれです。雑事を申すというのは関白になるという意味なので、「実資は自分が関白になるということを三条天皇に申請した」ということです。これは先ほどお話しした「来るときがくればおまえに雑事を相談する」とい

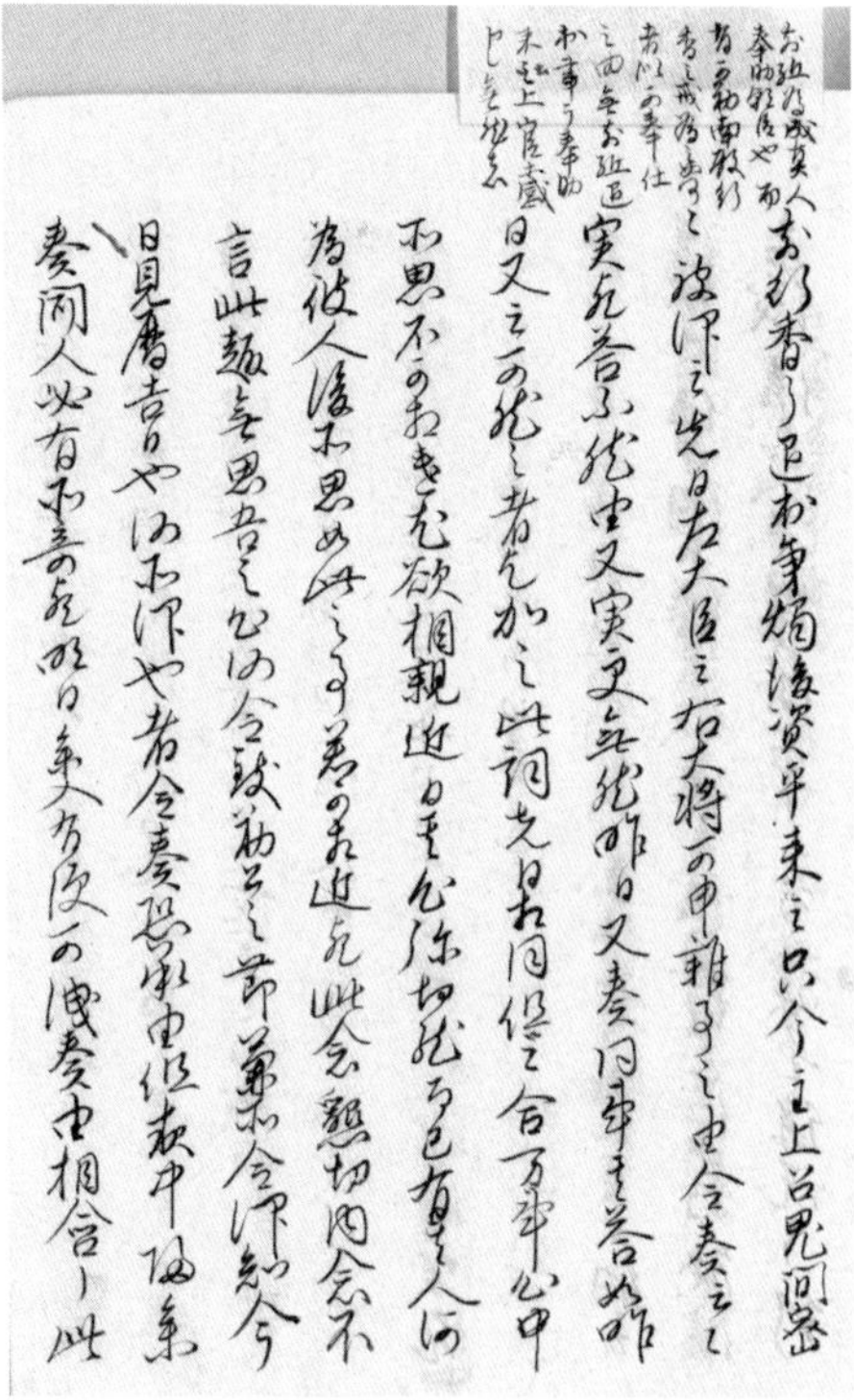

3-12-3.『小右記』長和三年六月二十七日条（秘閣本〈広本〉. 国立公文書館蔵）

う三条天皇の恩詔に、尾ひれが付いて伝わったもののようです。三条天皇が言ったのに、伝言ゲームのなかで、いつの間にか実資のほうから言ったという話になってしまったのです。

それを知った道長は当然のごとく怒って、すぐに三条天皇のもとに駆けつけ「噂は事実なのか」と問い詰めました。三条天皇は「そんなことはない」と否定しますが、納得がいかない道長は翌日も三条天皇のもとを訪れて、同じことをしつこく尋ねています。

そのまた翌日、三条天皇は実資の養子の資平を呼び出し、「道長が二日連続でやってきて、こんなことを問い詰められた」と、事の経緯を伝え、その後に「万事を実資に相談することは変わりがない」。今も実資を関白にするという決意は変わっていないと言います。さらにこう続けます。「実資には最も親しみを感じている。その心は近日いよいよ切なるものがある。だけど、今はあいつがいる」。「あいつ」というのは道長です。そして「あの者がいなくなった後のためにこう言うのである。もしかしたら近いうちのことかもしれない」。あいつが死んだら実資を関白にする、もうすぐあいつは死ぬはずだ、とまで言っています。

そして最後に「実資のことを懇切に思っているが、内心に秘めて言わないのだ」と言う。つまり、そんなふうに思っているけれど、これは心のなかに留めておく——と三条天皇は言ってはいますが、実資はこの話を聞いて『小右記』に書くわけですからね。いずれは皆に伝わります。内裏には道長の息が掛かった女房も何人かいたはずなので、三条天皇が資平に話した内容は、その日のうちに道長に伝わった可能性すらあります。この一件で三条天皇と道長の仲は最悪となりますが、日頃からの信頼関係があったからか、実資と道長の関係はそれほど悪くはなりませんでした。

道長の歌「この世をば」が残った奇跡

『小右記』といえば、道長が我が世の春を高らかに歌い上げたと言われる句、「この世をば」が記録されていることでも有名です。本書の最後にこの歌について触れておきたいと思います。道長が「この世をば」を詠んだのは寛仁《かんにん》二年（一〇一八）十月十六日、満月の日でした。この日は、道長の四女（倫子《りんし》所生では三女）の威子《いし》が後一条《ごいちじょう》天皇の中宮となったことを祝う宴会（本宮の儀）が土御門第《つちみかどてい》で開かれていました。

後一条天皇はこの年の正月に元服したばかりで、数えで十一歳。一方、中宮になった威子は数えで二十歳。まだ現在の小学生ぐらいの年齢の男の子と、九歳年上の大人の女性（しかも叔母）が結婚するのはかなり無理がありました。

威子が彰子《しょうし》、妍子に続いて三人目の中宮となり、ついに一家三后を達成したこともあって、土御門第では大勢の公卿が集まって盛大な本宮の儀が行なわれました。一次会が終わった後、二次会が開催されましたが、この二次会は穏座《おんのざ》と呼ばれる、くつろいだ服装による宴会でした。このときに酔っ払って道長が詠んだのが「この世をば」でした。

おそらく多くの方はこの歌を、すべての権力を手にした道長が驕《おご》り高ぶって詠んだ歌、あるいは摂関《せっかん》政治の暗部を象徴する歌だと思っているのではないでしょうか。確かに日本の近代歴史学においても数十年前までは、摂関政治というのは天皇をないがしろにした悪い政治、道長とは自信満々で傲慢《ごうまん》な悪人と言われてきました。たまたまこの歌が残っているせいで、そういうイメージが増幅してしまったのです。

内容については後ほど解説することにして、まずはこの歌が残った経緯についてお話ししましょう。この歌を千年後の私たちが目にできているというのは、まさに奇跡といえるのです。

じつは道長本人が書いた『御堂関白記』には、「歌を詠んだ。皆で朗詠《ろうえい》した」とだけあって、肝心の歌が書かれていません。道長は自分の歌をほとんど日記に書かなかったし、『御堂関白記』というのは記憶だけで書いているため、宴会で酔っ払ったときの歌など道長は覚えていなかったでしょう。あるいは、書き留めるほどのものではないと本人は思っていたのかもしれません。

ところが偶然その宴会に、普段はめったに宴会には顔を出さない実資が出席していました。しかも普通は一次会で帰る彼が二次会まで残っていて、この歌を書き留めたのです。また『小右記』には広本《こうほん》・略本《りゃくほん》の二種類があって。広本には書かれた記事がそのまま写されていますが、略本には抄略《しょうりゃく》した記事が写されています。略本しか残っていなければ、

3-12-4.『御堂関白記』寛仁二年十月十六日条（古写本．陽明文庫蔵）

「この世をば」の歌は残らなかった可能性もあるのですが、たまたまこの年は広本が残っています。広本に歌が書かれていたとしても、『小右記』は一度切り刻まれて再び貼り継がれたわけですから、運が悪ければ散逸《さんいつ》する可能性もあったはずです。

しかも、『小右記』の最も一般的な古写本である前田《まえだ》本の、寛仁二年十月からの甲二十一巻はひどい焼損《しょうそん》を受けていて、この歌は「望月乃虧《かけ》」しか残っていません。幸い、前田本が焼損を受ける前に、江戸《えど》時代に数々の新写本が書写されていて（秘閣《ひかく》本・陽明文庫《ようめいぶんこ》本など）、我々はこの和歌の全貌《ぜんぼう》を知ることができるのです。

そうしたことを思うと、「この世をば」は、いろいろな偶然が重なって奇跡的に残ったと言っていいと思います。私のような研究者にとってこれはありがたいことですが、この歌が残ったおかげで、「傲慢な道長」「悪しき政治としての摂関政治」「堕落した京の都」

といった歴史像を増幅させてしまったことも事実です。道長にとって、ひいては平安《へいあん》貴族にとって、この歌が残されたことがはたして幸せだったのかは、また別に考えなければならない問題です。

夜の闇にこの世の春を謳歌する

では、歌が詠まれたときの様子が書かれた部分の『小右記』を現代語訳してみましょう。

「太閤《たいこう》が下官（実資）を招き呼んで言った。『和歌を詠もうと思う。必ず和すように』と」。太閤とは道長のことです。「和す」というのは返歌を詠むことを言います。「答えて言ったことには、『どうして和し奉らないことがありましょうか』と」。実資は必ず返歌を詠みますと言っています。次に「また言ったことには、『誇っている歌である。ただし準備していたものではない』と」とあって、ここから歌が始まります。

「この世をば　わが世とぞ思ふ　望月の　欠けたることも　なしと思へば」

『小右記』には漢字仮名交じりで書いてありますが。仮名も平仮名ではなく、万葉仮名《まんようがな》に近いような半平仮名《はんひらがな》が使われています。現代語に訳すと「この世を自分の世のなかと思う。望月が欠けることもないと思うので」となります。なかなか尊大な歌です。どこも欠

3-12-5.『小右記』寛仁二年十月十六日条(陽明文庫本〈広本〉. 陽明文庫蔵)

けたところがない満月を、権力をすべて手に入れた自分に喩《たと》えているのです。しかしまあ、これは宴席での戯《ざ》れ歌と考えるべきでしょう。

道長が歌を詠んだ後、実資がこう言います。「歌は優美です。お答えすることもできません。皆でこの歌を吟詠《ぎんえい》しましょう」。そして「数度吟詠した。道長は許してくれて歌を返さなかったことも責めなかった」と書いています。真夜中の都の空に皆が合唱するこの歌が何度か響きわたったわけです。土御門第の敷地はかなり広かったのですが、おそらく当時の都は今よりずっと静かですから、闇のなかにこの歌が何度も響きわたっていたわけです。かなり異様な光景だったと想像されます。

このとき実資は、道長の驕り高ぶった態度と下手な歌に嫌気がさして、返歌を詠まなかったのではないか――と考える研究者もいるようですが、私はそうは思いません。実資が道長の歌を優美と言ったのは本心ではないかもしれませんが、実資には道長を非難する気持ちはなかったはずです。

道長がこの歌を詠んだ二年後、実資は六十五歳で右大臣に任じられます。その日の記事が面白くて、「右大臣は僕」と書いています。自分のことを「僕」というのはへりくだって言っているのですが、「右大臣は僕」というのは、なんだかすごくかわいくて素敵ではないでしょうか。この日の記事にはやっと大臣になれた喜びを書いているのですが、まさかそこから九十歳まで大臣をやり続けるとは、実資自身も思っていなかったでしょう。

以上で実資の波瀾万丈の生涯についての話はおしまいです。しかし改めて振り返ってみると、彼は本当に立派で素晴らしい人でした。こういう人物は日本の歴史のなかでもなかなかいないと思います。どんなときにも権力に媚びることなく、原則を大事にして自分の信念を貫いています。一見、厳しそうに見えますが、周囲から信頼され尊敬もされています。私は歴史学者なので本来は歴史上の人物の好き嫌いを言ってはならないのですが、尊敬する人物を一人挙げよと言われたら、やはり実資の名前を挙げるでしょう。

摂関期の日記は、儀式の方法やその時代に合った出来事を後世に伝えるために書かれたものであるのは確かですが、じっくり読んでいくと、日記を書いた人の性格や人柄、さらには何を大切にして人生を生きたか、といったことまで見えてきます。そんな日記の新しい読み方、新しい魅力を感じていただけたら幸いです。

おわりに

もうほとんど記憶がないのですが、二〇一八年四月三日（火）から六月二十六日（火）にかけて、ＮＨＫラジオ第2放送の「カルチャーラジオ　歴史再発見」という番組で、「日記が明かす平安貴族の実像」〈全十三回〉が放送された（らしいのです）。私は放送を聴いていなかったので、どのように編集されて放送されたのか、まったく知りません。

収録は東京の南青山において、その年の一月二十九日（月）から三月十九日（月）にかけて、六回に分けて行なったと記録にあります。台本もテキストもない一発録りで、なんとか収録を終え、それを十三回に編集していただいたことになります。放送が終了した後は、一週間は「ＮＨＫネットラジオ　らじる★らじる」で聞くことができたのでしょうが、その後はこの番組もはかなく消えていったのでしょう。

ところが、ＮＨＫにはテープが残っているらしく、ＮＨＫ出版がそれを文字起こしして、出版してくださるというお話をいただきました。しかし私としては、はじめは何を今さらという気で、まったくその気は起こりませんでした。

しかし、「はじめに」で書きましたように、少しでも平安時代や平安貴族の実像、古記《こき》録《ろく》の面白さを世間にお伝えしたいという思いから、出版をお願いした次第です。

もちろん、収録でも男性貴族が記録した古記録だけを基に話したのですが、文字起こししていただいたものを読んでみると、なかなか面白いことも言っていて、これは世間の誤解を解くきっかけになるのではないかと考えています。

序章も含めた十三章の一章ずつが、各回の放送だったのであろうと思います。それぞれ独立した話になっていますので、ご興味のある章からお楽しみいただきたいと思います。放送ではテキストがなかったので、古記録の原文も写真版もお伝えできませんでしたが、この本では写真版や私が撮影した写真も載せることにしました。諸般の事情から『小右記《しょうゆうき》』の前田本だけは載せることができなかったのが残念です。

ただ、あの頃は私もかなり未熟で(今でも未熟ですが)、自分の興味のあるネタだけ、しかも各古記録の前半の部分を選んで話していたようです。近年は『小右記』の現代語訳も完結しましたし、各古記録の写本についても調べています。また、この十三回で話した『御堂関白記《みどうかんぱくき》』『権記《ごんき》』『小右記』よりも、もっと後の時代の古記録や、もっと早い時代の古記録を主として読んでいます。

どうか皆さんも、古記録の世界にさらに深く踏み込んでいただきたいと思います。そこには日本という国とは何か、人間という生き物とは何かを考えるヒントが隠されていると同時に、現代に生きる我々にとっても参考になることを、数多く発見できるに違いありません。

二〇二三年六月　多磨にて

著者識す

参考文献

・陽明文庫・東京大学史料編纂所編纂『大日本古記録 御堂関白記』（岩波書店、一九五二～五四年）
・倉本一宏訳『藤原道長「御堂関白記」全現代語訳』（講談社学術文庫、全三巻、二〇〇九年）
・東京大学史料編纂所編纂『大日本古記録 小右記』（岩波書店、一九五九～八六年）
・倉本一宏編『現代語訳 小右記』（吉川弘文館、全十六巻、二〇一五～二三年）
・渡辺直彦・厚谷和雄校訂『史料纂集 権記』（続群書類従完成会・八木書店、一九七八～九六年）
・倉本一宏訳『藤原行成「権記」全現代語訳』（講談社学術文庫、全三巻、二〇一一～一二年）
・国際日本文化研究センター「摂関期古記録データベース」
(https://rakusai.nichibun.ac.jp/kokiroku)
・東京大学史料編纂所編纂『大日本史料』（第二篇之一～三三、東京大学出版会、一九二八～二〇一九年）
・国史大辞典編集委員会編『国史大辞典』（吉川弘文館、一九七九～九七年）
・角田文衞総監修・古代学協会・古代学研究所編『平安京提要』（角川書店、一九九四年）
・角田文衞監修・古代学協会・古代学研究所編『平安時代史事典』（角川書店、一九九四年）
・大津透『日本の歴史06　道長と宮廷社会』（講談社、二〇〇一年）
・倉本一宏『摂関政治と王朝貴族』（吉川弘文館、二〇〇〇年）
・倉本一宏『一条天皇』（吉川弘文館［人物叢書］、二〇〇三年）

・倉本一宏『平安貴族の夢分析』（吉川弘文館、二〇〇八年）
・倉本一宏『三条天皇』（ミネルヴァ書房［日本評伝選］、二〇一〇年）
・倉本一宏『藤原道長の日常生活』（講談社現代新書、二〇一三年）
・倉本一宏『藤原道長の権力と欲望』（文春新書、二〇一三年）
・倉本一宏『藤原道長「御堂関白記」を読む』（講談社選書メチエ、二〇一三年）
・倉本一宏『紫式部と藤原道長』（講談社現代新書、二〇二三年）
・倉本一宏編『日本人にとって日記とは何か』（臨川書店、二〇一六年）
・倉本一宏・加藤友康・小倉慈司編『『小右記』と王朝時代』（吉川弘文館、二〇二三年）
・土田直鎮『日本の歴史5　王朝の貴族』（中央公論社、一九六五年）

編集協力　中村宏覚
校閲　髙松完子
図版作成　手塚貴子
ＤＴＰ　佐藤裕久

倉本一宏 くらもと・かずひろ
1958年、三重県津市生まれ。
東京大学大学院人文科学研究科
国史学専門課程博士課程単位修得退学。
国際日本文化研究センター教授。専門は日本古代史、古記録学。
著書に『藤原道長「御堂関白記」全現代語訳』
『藤原行成「権記」全現代語訳』(講談社学術文庫、ともに全3巻)、
『紫式部と藤原道長』『平安京の下級官人』(講談社現代新書)
『藤原氏——権力中枢の一族』
『平氏——公家の盛衰、武家の興亡』(中公新書)など。
編著に『現代語訳 小右記』(吉川弘文館、全16巻)がある。

NHK出版新書 707

平安貴族とは何か
三つの日記で読む実像

2023年10月10日 第1刷発行
2024年 1 月25日 第3刷発行

著者 倉本一宏
発行者 松本浩司
発行所 NHK出版
〒150-0042 東京都渋谷区宇田川町10-3
電話 (0570) 009-321(問い合わせ) (0570) 000-321(注文)
https://www.nhk-book.co.jp (ホームページ)

ブックデザイン albireo
印刷 壮光舎印刷・近代美術
製本 二葉製本

Printed in Japan ISBN978-4-14-088707-3 C0221